JN438499

# 불꽃 되어

김은실 수필집

신아출판사

## | 작가의 말 |

십 년의 세월이 흘렀습니다. 첫 번째 수필집을 내놓은 지 꼭 십 년이 되었습니다. 행동이 굼뜨다거나 맡은 일에 무성의하다는 말은 듣지 않고 살아왔는데 두 번째 책을 펴내기까지 왜 그렇게도 망설였는지 모릅니다. 그건 작품 곳곳에 녹아 있을 내 모습을 가감없이 내보이는 게 몹시도 부끄럽고 두려웠기 때문이라면 솔직한 변명이 될는지요.

무심코 스쳐가는 바람결에서도 그것이 지닌 의미와 빛깔이 감지되듯 살아가면서 맺고 사는 많은 것들과의 인연을 내 감성을 통해 녹여내고 싶었습니다. 무뎌져가는 내 모든 감각을 일깨워 휘젓고 또 그것들을 정제하고 싶었습니다.

작업실의 유리창을 통해 들어온 햇살이 방바닥에 사각형의 큼직한 무늬를 그려 놓습니다. 그 밝은 눈부심 속에 봄이 성큼 들어와 앉습니다. 움츠렸던 가슴을 쫙 펴봅니다. 온몸의 세포가 깨어나기 시작합니다. 기쁨으로 일렁입니다.

내가 나로 존재할 수 있게 해 준 내 가족과 믿음의 식구들, 그리고 친구들과 이웃들에게 고맙고 또 사랑한다는 말을 전하고 싶습니다.

2013년 5월 초에

김은실

# 차례



## 1부

# 2부

# 3부

# 4부

# 5부

## 6부

# 1부

마차에서 내려 메밀꽃 밭으로 향한 우리들. 시야 멀리까지 끝이 보이지 않게 광활하게 펼쳐진 메밀꽃.

# 내 고향의 수채화

주택가를 지나가다 담 너머 골목 밖으로 늘어진 감나무를 봤습니다. 그런데 그날따라 가볍게 일별하고 지나칠 수 없는 건 가지가 휘어져라 다닥다닥 붙어 있는 그 감들의 녹황빛 때문이었습니다. 반쯤은 녹색으로 남겨둔 채 나머지 반만을 주황빛으로 물들인 감들, 머리 들어 올려다본 하늘은 온통 푸른색이었습니다. 녹황빛과 푸른빛의 대비, 그 정경이 한 폭의 수채화가 되어 내 마음에 고여왔습니다.

발걸음을 멈췄습니다. 바쁠 것도 없는 아주 한유한 사람처럼 발걸음을 멈추고 한참을 그렇게 서 있었습니다. 한 가닥 바람이 지나갔습니다. 매연에 찌든 도시의 바람이 아닌 말갛게 정화된, 청량제처럼 싱그러운 바람이었습니다. 바람이 나에게 속삭였습니다.

'망설이지 마. 빨리 가 봐. 아직 그대로인걸.'

바람의 부추김에 힘입은 나는 더는 망설일 것도 없이 27년이란 긴 시간의 벽을 뛰어넘기로 하였습니다.

전북 장수군 장수면 장수리 161번지, 우리 집의 주소였습니다. 슬레이트 지붕의 아담한 집, 널찍한 마당 한쪽의 꽃밭엔 사시사철 온갖 꽃이 어우러져 피어났고, 뒤뜰의 닭장에선 암탉의 알 쪼는 소리가 골골대던 곳. 늦가을이면 추수한 쌀섬이 창고 가득 채워지고 새벽같이 낮은 산의 능선을 타고 내려와 부려놓은 나무꾼들의 나무가 뒤안 가득 높이 쌓여 있던 집.

온 가족을 들뜨게 했던 다섯 나무의 감들. 여름내 뜨거운 햇살과 바람과 빨아들인 수분으로 살 오른 감들이 주황빛 되어 그 투실함을 자랑할 땐 우리 가족 모두는 아련한 눈빛이 되곤 했습니다. 올려다봐야 하는 감들의 높이와 쏟아져 내려오는 빛으로 제대로 눈을 뜰 수 없었기 때문이었지요. 두 눈의 조리개를 한껏 줄인 망막 속에 잡힌 그 빛, 주황빛의 감, 감들.

"아빠, 지기 지기요."

감나무에 올라가 잘 익은 감을 따고 있는 아빠의 눈에 띄지 않을까 봐 조바심을 하며 가리키던 어린것들의 예쁜 손들과 들뜬 목소리가 집 안 가득 퍼지곤 했습니다. 홍시가 되어가는 말랑말랑한 감을 한 입 베어 물었을 때 입안 가득 퍼졌던 달콤함, 행복은 그렇게 쌓여갔습니다. 집 안을 꽉 매운 가을은 따가운 햇살만큼 넉넉함으로 곳곳에 넘쳤습니다.

아빠와 아이들이 한타령이 되곤 했던 집 앞 냇가. 넉넉히 내린 비로 수위가 높아지고 맑아진 앞 냇가 풍경. 반바지 차림인 아빠는 족대로 고기를 몰았습니다. 이리 저리 족대의 위치를 바꿔가며 내딛는 걸음마다 방울방울 물보라가 일었습니다. 무지갯빛으로 빛나던 물보라. 물보라로 온몸이 다 젖는 것도 아랑곳하지 않고 아빠를 따라가며 함성을 지르던 아이들의 그 맑고 카랑카랑하던 목소리가 지금도 내 귓전에 머물러 있습니다.

무리지어 헤엄치던 치어들. 족대를 수면 밑에 들이밀고 가만히 떠올리려면 어느새 눈치 채고 몸을 틀어 잽싸게 도망치곤 했습니다. 얼마나 그 몸놀림이 빠르던지. 어쩌다 피하지 못한 치어들이 촘촘 엮인 어망 속에서 퍼덕일 때면 우리들의 가슴도 고기만큼이나 팔딱거렸습니다. 기쁨과 흥분으로 두근거렸습니다. 모래와 콩알보다 조금 크고 작은 자갈들, 그리고 물풀과 함께한 고기들의 수를 헤아려보면서 큰 보물이라도 얻은 듯 기뻐했습니다. 여름 내내 온 동네와 산과 들을 뛰어다니느라 검게 그을린 아이들의 얼굴이 개선장군처럼 빛났습니다.

휴일이면 우리 가족은 곧잘 논개사당을 오르곤 했습니다. 장수읍 남산 남쪽 기슭에 위치한 논개사당. 전북기념물 제 46호로 지정되어 논개의 영정을 모신 사당, 의암사라고 부르는 곳이지요.

그땐 아이들이 어렸기 때문에 아이들의 이해를 돕기 위해 쉽게 설명한 기억이 납니다.

'400년 전, 우리나라의 이름을 '조선'이라고 불렀을 때, 일본이 우리나라를 침략했다는 것, 그 전쟁이 임진왜란이고 진주성을 지키려고 끝까지 싸웠던 우리나라 병사들이 전쟁에 져서 할 수 없이 진주성을 일본에게 내주었다는 것. 승리를 축하하기 위해 왜군 장수들이 잔치를 베풀었다는 것.

그때 장수가 고향인 논개 아주머니가 그 자리에 참석했는데 진주성을 빼앗긴 게 너무나도 원통해 그 원한을 갚으려고 왜군 장수 하나를 남강 촉석루의  바위에 유인해 껴안고 함께 떨어져 죽었다는 것.'

나름대로 이해가 되었을까요. 우리 아이들은 고개를 끄덕이며 한복을 입고 서 있는 고운 얼굴의 논개 영정 앞에서 한참이나 서 있었지요.

1954년을 시작으로 매년 음력 9월 9일에 논개의 우국충절을 기리기 위해 추모제가 열리고 1968년부터는 군민의 날 행사도 겸했으니 결혼한 지 3년째였지요. 며칠 전부터 거리거리마다 군민의 날과 논개 추모

제에 대한 현수막이 걸리기 시작하면 우리 모두는 마음이 들뜨고 저마다의 얼굴은 기쁨과 설렘으로 상기되곤 했습니다.

군민의 날 전날 밤, 몇 발의 폭죽이 터져 밤하늘을 수놓을 땐 온 가족이 하던 일을 멈추고 집 안의 가장 높은 곳에 올라가 꽃처럼, 별처럼 퍼지는 폭죽의 아름다움에 탄성을 지르곤 했지요.

당일. 각처에서 모여드는 사람들 틈에 끼어 올라간 논개 사당. 굿거리장단과 자진모리장단이 이어지면 신명나는 농악놀이가 시작되었습니다. '농자천하지대본'이라고 쓴 농기가 푸른 하늘 높이 치솟아 새의 날개처럼 퍼덕이고 상쇠가 치는 구성진 꽹과리 소리에 따라 징과 장구 북의 소리가 어울려 신명을 내면 구경꾼들의 어깨가 저절로 들썩거리곤 했습니다. 원을 만들었다, 일자를 만들었다, 모였다, 흩어졌다 농악대가 여러 가지 모양을 만들어낼 때마다 구경꾼들은 아낌없는 박수로 그들의 '끼'를 부추기곤 했습니다.

오랜만에 만난 친구가 반가워 쌈짓돈 털어 농주 몇 잔을 마시고 기분이 알싸해진 아저씨들. 누구 먼저라 할 것 없이 덩실덩실 춤을 추며 농악대에 합세하여 빙빙이를 돌았습니다.

농 속 깊숙이 간직한 물빛 고운 한복으로 성장한 아주머니들도 남정네들의 흥 풀이에 질세라 합류하면 웃음소리는 한층 더 고조되어 모인 사람들 모두에게 퍼져나갔습니다. 흥겨움의 파장은 물결처럼 퍼져나갔습니다.

여름 내내 밭과 논에 엎드려 일하던 그 수고를 저마다의 춤사위와 웃음 속에 흩날려 보냈습니다. 오색찬란한 고깔을 쓴 농악대에 못지않은 흥겨운 마음들이 되어 나비인 양, 꽃잎인 양 그렇게 춤추고 또 웃음을 흩뿌렸습니다.

사람들 틈에 끼어 이곳 저곳을 기웃거리다 보면 어느덧 석양이 오고 모든 행사가 끝맺음을 할 무렵 아이들의 손을 잡고 귀가했을 때의 그 나른했던 피로감과 만족감. 그렇게 우리의 나날은 한지에 스며드는 물기처럼 행복과 충만감으로 물들여져 갔습니다.

어느 것 한 가진들 애틋함과 그리움으로 추억되지 않은 게 없는 게 고향이라지요. 비록 고향이 준 상처가 크다고 해도, 그 상실감 때문에 많은 고통과 좌절 속에서 헤맸더라도 말입니다.

신은 우리에게 많은 은총을 주셨습니다. '사랑'과 '행복'을 느낄 수 있는 감성을 주셨고 또 '이해'와 '협력'이라는 어울림의 은혜도 주셨습니다. 그리고 열거하자면 수도 없이 많은 축복을 주셨지요. 덧붙여 '망각'이라는 큰 선물도 주셨습니다. 잊어버림이 망각인데 그것이 무슨 은총이랴 싶겠지만 망각이야말로 우리가 현명하게 살 수 있도록 도와주는 큰 무기가 됨을 어찌 부인할 수 있겠습니까.

주어진 삶의 여정 속에서 만나는 갖가지 슬픔, 그 슬픔으로 금방이라도 자지러질 듯 괴로운 지난날. 망각이란 은혜로움이 없었다면 어떻게 되었을까요. 언제까지나 괴로움의 심연에서 빠져나오지 못하고 허우적거렸을 것입니다. 남은 인생은 갈래갈래 찢겨나갔을 것입니다. 그러나 '망각'이란 신의 은총이 있었기에 농도 짙은 괴로움도 차츰 희석되어 갔습니다. 슬픔의 늪에서 빠져나올 수 있었습니다. 시간에 편승하여 슬픔의 농도도 차츰 희미해져 새 삶의 의지를 굳히고 살아남을 수 있었으니까요.

사랑하는 사람을 잃고 떠난 내 고향의 수채화. 비록 화려하지도 밝지만도 않은 무채색의 수채화이지만 난 그 수채화를 사랑합니다. 왜냐면 무채색의 수채화 저편엔 갖가지 고운 색깔로 아름다운 수채화를 내 가슴에 그려준 사랑하는 사람이 있기 때문입니다. 또한 그가 소중히 보듬어 가꾸었던 고향집이 지금도 내 가슴에 그대로 남아있기 때문입니다.

자연석과 몇 수레의 거름을 구해 정성들여 만든 꽃밭엔 사시사철 끊임없이 갖가지 꽃이 피어나곤 했습니다.

퇴근 후면 꽃이 좋아 늘 꽃밭에서 살았던 그이와 우리 가족. 빨강과 진달래 빛 큰 얼굴의 달리아 사이로 함박웃음을 웃으며 폼을 내며 서 있던 내 아이들. 아이들의 모습을 카메라에 담기 위해 이리 저리 자리를 옮기던 사랑하는 사람의 모습이 지금도 선연하게 살아 숨쉬기 때문입니다. 아이들의 깔깔대는 웃음소리로 농익어 가던 나날. 그 나날이 내 인생의 가장 빛나던 황금기였습니다.

많은 세월이 흘렀고 고향을 떠나 와 살고 있는 지금. 아이들은 모두 성장했고 나 또한 많이 변했어도 변하지 않은 건 참으로 아름다웠던 고향에서의 추억입니다. 시시때때로 만나게 되는 삶의 질곡 속에서도 용케도 버티며 지낼 수 있음은 그 시절, 황금기의 여명이 지금까지 남아 있어 힘을 실어 주기 때문입니다.

가슴 내밀한 곳에 그려 곱게 간직한 내 고향의 수채화, 오늘도 나는 타임머신을 타고 뒷걸음질칩니다. 그리고 수채화 속으로 걸어 들어갑니다.

어느 것 하나 가슴 저림 속에 추억하지 않을 수 없는 그 수채화 속으로.

(2006)

# 불꽃 되어 활활 타오르고 있다

오늘이 한국전쟁 발발 60주년 되는 날이다. 전쟁을 겪지 않은 세대는 실감치 못할 것이다. 전쟁은 사람뿐만 아니라 사람이 만들어 놓은 모든 가치를 파괴한다는 것을. 한순간에 문명을 야만으로 바꾸어 놓고 그 야만의 피폐함 속에 인간성마저 마모시킴을.

내가 살던 곳은 군산, 그때 내 나이 8세 초등학교 1학년생이었다. 경제적인 유족함 속에서 부모님의 사랑을 한껏 받으며 재재거리던 철부지 시절이었다. 그런데 이 안위와 평화에 균열이 가기 시작했다. 한국전쟁이 시작된 것이다. 사람들은 라디오에서 들리는 북의 남침 소식에 잔뜩 겁을 먹은 채 어찌할 줄 몰라 갈팡질팡하고 있었다.

아마 그때가 전쟁이 발발된 지 얼마 되지 않은 7월 초순께로 기억된다. 한밤중, 생전 듣지 못한 이상한 소리에 우리 가족 모두는 잠에서 깨어났다. 그리고 집 앞 길가로 나갔다. 삼삼오오 모여 있던 동네 사람들이 하늘을 올려다보고 있었다. "비행기다!" "맞아, 미군 비행기야." "공산군을 쳐부수러 출동한 비행기가 틀림없어." 어른들이 한 마디씩 했다. 이름만 들어봤지 실제로 비행기를 본 것은 그때가 처음이었다. 한두 대가 아닌 편대비행이었다. 줄을 지어 꼬리마다 빨간 불빛을 단 비행기가 어둠 속을 '새- 엑- 색' 소리 내며 날아가고 있었다. 우리 모두는 그 많은 비행기가 사라져 보이지 않을 때까지 하늘을 올려다봤다. 그리고 얼마 후에 그 비행기가 '미국의 B-29 폭격기'라는 것을 알았다.

그 후 우린 폭격 소릴 자주 들어야만 했다. 인민군이 숨을 만한 곳이면 밤낮을 가리지 않고 가차 없는 폭격을 감행했다. 적군을 섬멸시키기 위한 일이었다지만 죄 없는 민간인도 그로 인해 많이 희생되었음을 그땐 짐작조차 못했다.

어둠이 드리운 밤, 불빛이 비치는 곳이면 무작위로 폭탄을 투하하곤 했다. 그래서 모든 집들은 밤이 되어도 불을 켤 수 없었고 집 안 깊숙이 틀어박혀 떨어야만 했다. 멀지 않은 곳에서 '다 다 다 다…' '쾅' 하는 따발총 소리와 폭발음이 들리면 우리 가족들은 하얗게 질린 채

두꺼운 솜이불을 뒤집어쓰곤 했다. 그리고 간절히 빌었다. '제발 죽음이 우리 가족 모두를 비켜가게 해 달라'고.

그칠 줄 모르는 공격 속에서 멀쩡했던 집이나 큰 건물이 잿더미가 되어갔다. 아수라장이 따로 없었다. 피난길에 나서는 사람들이 늘어갔고 텅 빈 집들은 주인 떠난 자리를 지키며 을씨년스럽게 몸을 뒤채곤 했다. 안전한 곳으로 어서 떠나자는 어머니와 전황을 좀 더 지켜보자던 아버지. 그러나 아버진 어머니의 강경한 발언에 그만 고집을 꺾을 수밖에 없었다. "당신, 생떼 같은 자식들 모두를 죽이고 싶어요?"

별빛조차 숨어버린 칠흑 같은 밤이었다. 아버지가 끌던 손수레엔 간단한 살림과 먹을거리, 그리고 이부자리와 옷가지들이 실려 있었다. 부모님을 비롯한 아홉 명의 형제들이 조심조심 숨소리를 죽여 가며 어둠을 가르고 있었다. 아버진 손수레 앞자리의 단단히 묶어 놓은 볼륨 줄인 라디오에 귀를 기울이며 걷고 계셨다. 라디오는 절박한 전세를 알려주고 있었다.

불을 켤 수 없는 캄캄한 길. 행여 놓칠세라 꽉 틀어잡은 손과 손. 어머닌 돌이 막 지난 막둥이 동생을 업었고 열여섯 살의 큰언니와 두 살 터울의 둘째 언니의 등엔 네 살배기 쌍둥이 남동생이 매미처럼 찰싹 달라붙어 있었다. 어둠 속에서 숨을 죽인 채 아버지를 따라 걷던 피난 길. 걷다가 무슨 소리라도 나면 죽은 듯 숨을 죽이고 멈춰서야 했다. 금방이라도 "누구냐, 손들어!"라는 소리와 함께 적군의 총부리가 우리 가족을 겨눌 것만 같았다. 오금이 저렸다. 주저앉고 싶었다. 그러나 멈출 수가 없었다. 아버지의 가만가만 떼어 놓는 조심스런 발소리와 어머니의 숨소리를 따라 우리 형제들은 걸었다. 가다 멈추고 또 가다 멈추고, 넘어지면 일어나고 일어나선 또 걸어야 했다. 가족의 얼굴조차 확인할 수 없는 먹물 같은 어둠 속에서의 살기 위한 걸음이었다. 환한 대낮에 아무런 제재도 받지 않고 걷는다면 한 시간 반 정도면 너끈히 걸을 수 있는 거리였다. 그러나 그날 밤 우린 그 거리를 몇 시간을 걸어서야 목적지에 도착할 수 있었다. 시내인 우리 집에서 시오리쯤 떨어진 축동이라는 곳이었다.

다섯 개의 다다미방을 가진 일본 집이었다. 그 집에서 여섯 가구가 모여 살았다. 방 한 개에서 한 가족이 살아야 했다. 한 가족은 그런 방조차 없어 부엌에 가마니를 깔고 살았다. 다행히 우리가 살던 그곳에선 폭격도 없었고 죽음을 직접 목도하는 끔찍한 일도 일어나지 않았다. 그래도 일촉즉발의 전시였다. 한시도 마음을 놓을 수 없었다. 살아도 산 것 같지 않은 나날이었다.

어머니 덕분이었다. 우리 온 가족이 죽음에서 살아날 수 있었던 것은. 어머닌 오래전부터 영험한 꿈을 잘 꾸셨다. 어느 날 동이 트기 전 이른 새벽, 어머닌 아버질 흔들어 깨우셨다. 그리고 말했다. 어서 이곳을 떠나야 한다고. 의아해 하는 아버지께 어머닌 말했다. 꿈에 돌아가신 친정아버지가 나타나 자꾸 이곳을 떠나라고 하신다고. 아버진 어머니의 그 말을 반신반의했다. 그 많은 가족을 데리고 다시 길을 나선다는 게 결코 쉬운 일이 아니었을 터. 그러나 사흘을 계속 같은 꿈을 꿨다는 어머니의 성화에 아버지도 마음을 바꿀 수밖에. 축동에서 두 달을 살고 난 후의 일이었다.

한밤중 또다시 떠난 피난 길. 두 번째로 우리 가족이 몸을 숨긴 곳은 5촌 이모네가 사는 군산의 구암동이었다. 지금은 많이 변해 번화가가 되었지만 60년 전 그때만 해도 기와집은 어쩌다 눈에 띄는 초가집 일색의 시골이었다. 불편한 점이 한두 가지가 아니었지만 전쟁이 끝나기만을 기다리며 살 수밖에 없었다. 그러기를 한 달쯤 되던 날, 양식이 떨어져 군산 시내에 있는 우리 집으로 쌀을 가지러 가던 중 어머니가 길에서 만난 사람은 축동에서 한집에 살던 여고생이었다.

그 여학생은 어머니를 보자마자 손을 붙잡고 펑펑 울더란다. 의아해 하는 어머니께 쏟아놓은 그 여학생의 사연은 이랬다. 우리 가족이 축동을 떠난 이틀 후 대학살이 있었단다. 중요한 회의가 있으니 창고로 다 나오라는 인민군의 강압적인 지시가 있었단다. 그들의 말에 동조하지 않으면 인민재판이라도 받을까 봐 두려워한 동네 사람들. 그들 모두는 지정된 시간에 그곳 창고에 모였고 인원 점검을 마친 인민군들은 재빨리 창고를 빠져나갔고 문을 잠근 뒤 불을 질렀단다. 그 사고로 한 사람도 살아 나오지 못했단다. 죽은 사람이 백 명도 넘을 거라고 했다. 치밀하게 계획된 학살이었다.

전세가 점점 불리해지자 그들은 퇴각하기 전에 마을 사람들을 다 죽이려고 작정한 것이었다. 그 전날 부모님의 심부름으로 집을 비웠던 여고생은 죽음을 면할 수 있었고 집에 돌아온 이튿날에야 그 참상을 목도하게 된 것이었다. 마지막으로 가족의 얼굴이라도 확인하고파 새까맣게 탄 시신들 사이를 미친 듯 헤집고 다녔으나 끝내 뜻을 이룰 수 없었다며 슬피, 슬피 울더라는 그 언니. 부모와 오빠, 그리고 동생들 모두를 잃고 졸지에 고아가 된 그 언니의 얘기를 들려주며 눈물짓던 어머니의 모습을 아직도 생생히 기억하고 있다. 어머니의 꿈 덕분에 우리 가족 모두는 축동 창고의 참혹한 죽음에서 목숨을 보전할 수 있었고 그 일은 오랜 동안 우리 가족 모두에게 회자되곤 했다.

3년 1개월 2일간의 6·25한국전쟁은 1953년 7월 27밤 10시를 기해 전 전선에 거쳐 전투 행위가 멈추게 되는 휴전 협정을 체결했다. 전쟁은 중단됐고 우리 가족들은 전쟁 전의 생활로 돌아갈 수 있었다. 전쟁이 할퀴고 간 물리적 정신적인 상처는 생각보다 훨씬 커서 그것들을 극복하기 위해 많은 힘이 들었다. 그러나 세월 따라 그 상흔도 차츰 옅어져 갔다. 생활력 강한 아버지와 현명한 어머니 덕분에 우리 형제

자매들은 제대로의 교육을 받으며 부족함 없는 생활을 할 수 있었다. 그리고 성인이 되었고 사회의 일원으로서 제 몫을 다하고 있다.

많은 시간이 흘렀다. 여덟 살짜리 어린 계집아이가 이제는 고희를 바라보고 있다. 나이 들어갈수록 부모님이 더욱 더 그리워진다. 지금의 내 나이보다 삼십여 년 젊었던 부모님. 전쟁의 질곡 속에서도 당황하지 않고 침착함으로 자식들의 목숨을 간수했던 내 부모님. 가슴속 깊은 곳에 늘 살아계셔 못난 이 딸을 보살펴 주시는 부모님. 행여 실족할세라, 절망할세라 다독다독 어루만져 주시던 아버지, 그리고 어머니.

오늘 한국전쟁 발발 60주년을 맞아 그때의 일을 떠올림은 국민의 한 사람으로서 당연한 의무가 아닐 수 없다. 이념이 다르다는 이유로 불법 남침한 북한, 그로 인해 치러야만 했던 참혹한 상황들. 얼마나 많은 인명이 희생되었던가. 이름 모를 산야에서 싸우다 꽃처럼 산화된 우리의 젊음들과 16개국의 참전국 용사들. 어디 그들뿐이랴. 5개국의 의료 봉사단도 죽음을 불사했다. 포화 속으로 함께 사라져갔다.

그들이 흘린 피가 온 땅을 적셨고 그 피가 거름되어 옥토가 되었다. 지금 그 땅은 곡식 되고 채소 되어 우릴 배불리 먹이고 있다. 우리의 배부름이 농부의 손끝으로 맺어진 땀의 결실이라고만 어찌 말할 수 있으랴.

평범한 일상의 행복이 얼마나 소중한 것인가를 알고 그 행복을 지켜 나가기 위해 우린 노력해야 한다. 다시는 전쟁의 공포 속에서 인간다움을 포기하는 일이 없도록 힘써야 한다. 6 · 25전쟁은 머나먼 역사 속의 기록이 아니다. 드라마나 영화 속에서 만날 수 있는 단순한 전쟁물도 아니다. 우리가 겪은 절대 아물 수 없는 상처요 지독한 통증이다.

지금 KBS 제 1방송에서는 6 · 25전쟁 60주년 특집 「나라사랑 음악회」가 열리고 있다. KBS 관현악단의 연주에 맞추어 의정부 시립합창단의 합창 「평화의 노래」가 울려 퍼지고 있다. 우리의 조국인 이 땅에 갈등과 반목을 넘어선 평화가 깃들길 기구하며 노래 부르고 있다. 그 노랫소리는 파도 되고 바람 되어 멀리멀리 퍼지고 있다. 불꽃 되어 활활 타오르고 있다. 내 가슴을 지피는 불꽃 되어 활활 타오르고 있다.

(2010)

# 눈물을 글썽거리고 싶다

어머님, 시어머님. 왼손을 허리에 얹고 오른손을 앞뒤로 흔들며 보폭을 짧게 하여 바삐 걸으시던 시어머님. 어머님은 한참을 그렇게 걷다 걸음을 멈추며 허리를 펴고 서서 두 손으로 번갈아 가며 당신 허리를 콩콩 두드리셨지. 모셔다 드린다는 우리에게 혼자서도 너끈히 갈 수 있으니 염렬랑 말고 어서 들어가 쉬라며 끝내 고집을 꺾지 않으셨던 어머님. 굽은 허리 때문에 앞으로 자꾸 기울어졌던 어머님의 상체, 행여 넘어지실까 봐 조마조마한 마음으로 어머님을 배웅했던 그날, 고샅길이 끝나고 한길로 방향을 꺾으신 어머님의 뒷모습이 보이지 않을 때까지 우린 그 자리에 그렇게 서 있었다.

어느 사이 일몰이 내려앉고 반짝 불이 밝혀진 우리 집 앞 가로등. 대문을 열고 마당으로 들어서던 그이가 뒤따라 가던 나를 향해 돌아서며 가만히 내 손을 잡았다. 난 그때 보았다. 그이의 두 눈이 촉촉이 젖어 있음을. 무슨 말이 필요하랴. 무슨 설명이 필요하랴. 어머님에 대한 그이의 마음이 강한 전류가 되어 내 손을 통해 흐르던 것을. 금방이라도 쏟아질 것 같은 눈물 되어 마냥 가슴을 적셔주던 것을.

어머님에 대한 사랑이 지극했던 속이 무척이나 깊었던 사람, 그러나 그인 단 한 번도 속정을 말로 드러낸 적은 없었다. 그러나 말이 없다고 어찌 그 깊이를 가늠할 수 없었으랴.

휴일 낮, 당신의 작은아들인 우리 집에 다니러 오셨을 때, 온 얼굴에 웃음을 담고 말없이 어머님을 맞던 그이의 행복한 모습.

난 이빨이 부실한 어머님을 위해 준비해 둔 부드러운 간식을 이것, 저것 챙겨 드리며 권하곤 했다. "어머니, 이것 잡숴보세요. 얼마나 맛있다고요." 생각하면 웃음이 난다. 음식을 만든 내가 맛있다고 말할 일은 아니었다. 잡수시는 어머님 입에서 맛있다는 말이 나와야 했다. 그러나 난 알고 있었다. 어머님이 작은며느리인 나를 기특히 여기고 또 많이 예뻐하신다는 것을. 그러므로 내가 만든 음식은 웬만하면 맛있게 잡수시리라는 것도.

어머님도 무척 과묵한 분이셨고 그에 따라 당신의 마음을 겉으로 잘 나타내지 않는 편이었다. 그러나 그 절제된 감정 뒤에 숨은 자식에 대한 애정만은 감출 수 없는 것. 면전에서 칭찬을 하지 않아도, 너 참 예쁘다 말하지 않아도 어머님의 마음을 알게 되기까진 그리 많은 시간이 필요하지 않았으니까. "새댁은 참 좋겠네. 시어머니께 얼마나 잘해드려야 그렇게 예쁨을 받을 수 있을지 몰라. 글쎄 새댁 시어머니가 틈만 있으면 새댁 자랑을 하고 다니신다니까." 어느 휴일 낮, 집 앞 냇가에서 빨래를 하던 나에게 전해준 회관 집 아주머니의 말이었다.

나는 여우가 되길 원했다. 어머님께만은 한 마리의 여우가 되고 싶었다. 조금쯤은 교활하나 그 교활함이 결코 나쁜 의미로서의 교활함이 아닌 애교가 되고 기쁨이 되는. 하여 어머님께 늘 웃음을 드리고 싶은 한 마리의 귀여운 여우. 늦은 나이에 남편을 낳으셨고 남편과 내 나이 차가 또한 많은 편이어서 시어머님은 내게는 어머님이라기보담 할머님이라 불러야 자연스러울 만큼 높은 연치셨다.

말없는 가운데서도 어머님에 대한 남편의 지극한 효심은 곳곳에서 나타났고 그 모습은 아름답고 찡한 감동으로 내게 다가오곤 했다. 효자 남편을 가진 여자는 그리 행복하고 편하지 않다는 말도 있다지만 난 효성스런 남편이 좋았다. 그런 남편을 사랑한 나였으니 남편의 마음과 바람이 어찌 내게 전해지지 않았을까. 그러니 나 또한 어머님께

정성껏 대하게 되었고 그런 내 마음을 어머님은 자연스레 헤아리고 계셨음이다. 작은며느리인 나를 바라볼 때마다 어머님 얼굴에 가득 피어오르던 웃음과 따뜻한 그 눈빛.

"어머니, 맛이 어떠세요? 괜찮지요?" 음식을 잡수시던 어머님을 향해 다시 한 번 콧소리를 내며 묻는 나에게 어머닌 환하게 웃으며 말씀하셨지. "그려, 맛있다. 참말로 니가 만들었냐?" "예. 어머니, 천천히 많이 드세요. 여기 박카스도 있어요." 어머님이 좋아하는 박카스를 권해드리면 "나는 바께스가 정말 맛있더라. 먹어도, 먹어도 질리지 않다니깐." 하며 한 병을 금방 비우시던 어머님. 그런 어머니를 보며 그인 껄껄껄 큰 웃음을 터뜨리곤 했다. 몇 번을 가르쳐 드려도 번번이 박카스를 바께스로밖에 발음 못하시던 어머님이 너무나 재미있다는 듯, 몹시도 사랑스럽다는 듯.

아직도 밖이 컴컴한 새벽이었다. 덜커덩, 덜커덩 대문 흔드는 소리에 이어 우릴 깨운 어머니의 목소리. "야야, 야야, 아직도 안 일어났냐?" 깜짝 놀라 뛰어나가 대문을 연 그이와 나에게 어머님은 말씀하셨다. "야야, 나무꾼이다. 얼른 어디에 쟁여 놓을지 앞장 서거라."

어머니의 말씀에 이어 마당 안으로 들어서던 나무꾼들. 지게마다 높이 쌓아 짊어지고 온 나무들을 부리던 열대여섯 명은 족히 되었을 그들. 뒤안 처마 밑과 마루 밑까지 빽빽하게 쟁여진 나무를 보며 어머닌 온 얼굴에 만족의 웃음을 짓고 말씀하셨다. “야들아, 이만하면 올 겨울 땔나무 걱정은 안 해도 되것다.”

날이 밝기도 전인 캄캄한 새벽녘, 산을 넘어오는 나무꾼을 잡기 위해 새벽잠을 줄여 가며 길목을 지켜 서 계시던 어머님. 나무꾼들과의 계산을 끝낸 우리들을 지켜보며 어서어서 서둘러 준비하고 출근하라며 휘휘 대문을 나서던 어머님.

냇가를 건너 장수교회를 오른쪽으로 두고 좁은 자갈길인 비탈길을 올라가면 만나게 되는 어머님의 밭. 밭고랑, 고랑마다의 검붉은 흙은 흙이 아닌 몽글몽글한 떡 가루인 듯 부드러워 보였고 그 흙에서는 한여름 땡볕과 지열에서 뿜어져나오는 열기로 김이 올라오고 있었다. 가까이 다가가도 내 발걸음도 의식하지 못한 채, 일손을 계속하시던 어머님.

“어머니, 저 왔어요.” 내 목소리에 그제야 고갤 들며 나를 바라보던 어머님. “어머니, 더우시죠? 이것 좀 드셔보세요.” 준비해 간 얼음 탄 미숫가루를 내밀면 “내가 밭에 있는 걸 어떻게 알고 왔다냐?” 하면서 시원스레 드시던 어머님.

어머님의 밭은 밭으로의 의미만이 아닌 당신의 소중한 삶의 터전이었다. 굽은 허리도 문제가 될 수 없었다. 동이 트기 무섭게 내달리던 그곳. 어머님의 손길로 매만져진 밭은 속이 차고 여물어져 때 맞춰 많은 것을 쏟아놓곤 했다. 채소와 나물들은 밥상에 올라 입맛을 돋우었고 가을철엔 짚으로 싸맨 메주가 되어 큰집 마루 처마 밑에 매달렸다. 김장철엔 간 절여 씻어 놓은 배추와 무가 갖은 양념에 버무려지길 기다렸다. 김장을 끝내고 고단함 속에 둘러앉은 저녁상은 얼마나 푸짐했던가. 절인 배추의 노란 속잎으로 싸먹던 삶은 돼지고기의 그 고소하고 달착지근한 맛, 포만감에 뒷설거지 걱정은 아예 잊어버려도 좋았다.

어머님은 모든 행사에서 진두지휘자셨다. 손끝 야문 큰며느리와 달랑달랑 심부름을 잘하는 작은며느리가 있음에도 단 한순간도 편히 앉아 쉬질 않고 바쁘게 움직이시곤 했다. 큰집 시숙님과 형님, 그리고 우리 내외는 그런 어머니가 안타까워 늘 말리곤 했다. 제발 이제 일 좀 고만하시면 안 되겠느냐고. 편히 구경만 하시라고. 그럴 때마다 어머님은 손사레를 치며 이렇게 말씀하셨다. 죽으면 다 썩어질 놈의 삭신 아끼면 무얼 하느냐고. 그러니까 걱정하지 말라고.

이제는 고인이 되어버린 어머님과 그이. 몹시도 그리워진다. 다시 한 번 내 고향인 장수, 그 시절로 되돌아가고 싶다. 어머님께 콧소리를 내며 어리광을 부리고 싶다. 그이의 다정한 눈을 들여다보며 눈물을 글썽거리고 싶다. 행복한 눈물을 흘리고 싶다.

(2011)

# 메밀꽃을 보며 효석을 생각하다

'여름장이란 애당초에 글러서, 해는 아직 중천에 있건만 장판은 벌써 쓸쓸하고 더운 햇발이 벌여놓은 전 휘장 밑으로 등줄기를 훅훅 볶는다. 마을 사람들은 거의 돌아간 뒤요, 팔지 못한 나무꾼패가 길거리에 궁깃거리고들 있으나……' 이효석의 단편소설 「메밀꽃 필 무렵」의 시작 부분이다.

메밀꽃 축제가 있다기에 한 시간 40분을 달려 도착한 곳, 고창군 공음면 선동리에 위치한 학원관광농원이다. 차에서 내린 우릴 먼저 반기는 것은 주차장 옆에 있는 코스모스였다. 가을 햇빛이 잔뜩 고여 있는 넓은 공간 가득히 펴 바람결 따라 살랑거리는 코스모스, 그들과 한참 동안 눈을 맞추다가 코발트빛 하늘이 하도 예뻐 나도 모르게 자꾸 목을 젖히곤 했다.

코스모스 밭을 지나 두어 걸음 걸었을까. 또각또각 들리는 말발굽 소리에 고갤 돌려 보니 오솔길 한쪽에 자리한 마차가 보였다. 크고 작은 조화로 요란스레 꾸민 노란색의 마차. 그 마차의 기본요금은 4인 기준에 2만 원이란다. 우리 가족 수에 꼭 맞는 숫자여서 기분 좋게 올라가 자리를 잡자, 마부의 "이랴!" 하는 소리와 함께 내리친 채찍질에 헉헉대며 달려가던 말.

앞다리 두 개를 모아 달리다가 그것이 힘겨웠던가. 큰 숨을 내쉬며 한 발씩 엇갈려 내디디며 달리기를 반복, 오솔길이 끝나는 반환점에 이르러선 살짝 앞으로 잡아당기는 마부의 끈을 신호로 자연스레 방향을 바꾸던 회색빛 말. 그리고 나선 다시 출발점을 향해 '더그덕더그덕' '딸그락딸그락'

마차에서 내려 메밀꽃 밭으로 향한 우리들. 시야 멀리까지 끝이 보이지 않게 광활하게 펼쳐진 메밀꽃들. 꽃을 배경으로 삼삼오오 짝을 지어 사진을 찍는 가족들과 어깨를 싸안으며 다정히 걷고 있는 연인들, 이곳 저곳 자릴 옮겨 다니며 셔터를 누르는 사진작가들, '까르르 까르르' 웃음을 터뜨리며 메밀밭 사이를 뛰어 다니는 어린아이들과 유모차를 밀고 가는 느긋한 표정의 젊은 아빠와 채양 넓은 모자를 쓴 앳된 티의 아기 엄마, 메밀꽃과 어울린 그들 모두는 절로 풍경이 되고 한 폭의 수채화가 되었다.

이효석은 또 이렇게 썼다. '산허리는 온통 메밀밭이어서 피기 시작한 꽃이 소금을 뿌린 듯이 흐뭇한 달빛에 숨이 막힐 지경이다. 붉은 대궁이 향기같이 애잔하고 나귀들의 걸음도 시원하다. 길이 좁은 까닭에 세 사람은 나귀를 타고 외줄로 늘어섰다. 방울소리가 시원스럽게 딸랑딸랑 메밀 밭께로 흘러간다.'

그랬다. 그가 표현한 것처럼 메밀꽃 밭은 온통 왕소금을 뿌린 듯했다. 그리고 붉은 대궁이 향기같이 애잔하다고 표현했는데 왜 여기서 향기같이 애잔하다고 그려냈을까.

'이 소설은 떠돌이 장돌뱅이 인생의 비애를 그려낸 작품으로 작가는 이 작품의 목적을, 허 생원이나 동이의 인생에 대한 것보다 숨막힐듯한 메밀꽃이 피는 달밤의 정경을 나타내려는 데 초점을 두었다. 조선달, 허 생원, 동이 등은 인격체로서의 소설적 인물이 아니라, 당나귀와 같은 자연의 일부로서의 사물의 차원에 해당한다. 줄거리보다 작품의 분위기와 서정성을 중시한 시적 수필의 소설로 평가받고 있다.' 라고 쓴 어느 해설가의 해설이 아니더라도 그 작품은 소설이라기보다는 한 편의 장시長詩요, 시적 수필임에 틀림없다.

소설의 줄거리를 정리해본다. 주인공 허 생원과 동이, 그리고 허 생원의 단짝동무인 조선달이 봉평 장날을 마치고 다음 날 열릴 대화장을 향해 팔십 리 길을 밤새 걸어가며 이야기를 나눈다. 얽음뱅이요, 왼손잡이인 떠돌이 장돌뱅이 허 생원. 그는 지긋한 나이임에도 불구하고 등 붙이고 함께 살아갈 가족 하나도 없는 외로운 몸으로 노새와 함께 늙어간다. 어쩌다 운이 좋아 잔돈푼깨나 벌린 날이면 막걸리 몇 잔으로 얼큰하게 취하여 시름과 외로움을 털어내곤 하는 게 그의 유일한 낙이었다.

그런 그에게도 사랑은 있었다. 20여 년 전, 성 서방네 처녀와 물방앗간에서 단 한 번의 연을 맺었던 것이다. 많은 세월이 흘렀고 세월과 함께 희미해진 그 사랑의 추억을 반추하던 허 생원은 청년 동이를 만났고 일행이 되어 밤길을 걸으면서 어쩌면 동이가 그의 아들이 아닐까 하는 생각을 갖게 된다. 동이 어머니의 고향이 봉평이며 동이 아버지와는 단 한 번의 만남으로 그를 갖게 되었고 그 후 헤어져 생사를 모른다는 말을 들었을 때부터 허 생원의 믿음은 굳어지고 설렘으로 그의 가슴은 한껏 부풀어 오른다. 그러다가 앞서 나귀를 끌고 가는 동이가 자기를 닮은 왼손잡이인 것을 보게 되며 소설은 대미를 장식한다.

여기서 독자들은 나름대로의 확신과 희망을 품게 된다. 동이가 틀림없는 허 생원의 아들일 거라는. 그들 부자가 함께 제천에 살고 있는 성 서방네 딸인 동이 어머니를 찾아가 아내요, 남편이요, 자식임을 확인하고 뜨겁게 포옹하기를. 에이듯 추웠던 혼자만의 삶을 벗어나 꽃향기 물씬 풍기는 따스한 봄날이 그들 가족 모두에게 축복처럼 임하기를.

「메밀 꽃 필 무렵」은 서정성을 지닌 아름다움은 물론이려니와 많은 시사점을 던져주고 있는 작품임을 눈치 챈다. 작품의 배경인 메밀밭과 개울가, 그리고 달빛 부드러운 밤길을 걸어가는 사람들과 노새들을 그림처럼 보여주면서도 그것이 단순히 하나의 풍경에 그치는 것이 아니라 부부의 인연, 부모 자식의 인연을 애잔하게 나타내주고 있다는 것을.

그 소설을 통해 일반화되어버린 표현, 메밀꽃 하면 누구라도 한 번쯤은 읊조려 보았을, '소금을 뿌린 듯한' 이라는 말을 다시 한 번 속으로 중얼거려 본다. 소설에서는 달빛에 비친 메밀꽃을 그렇게 표현했는데 사람들 모두는 한낮의 메밀꽃을 보고도 그렇게 표현하길 주저치 않는다.

두 시간쯤을 그렇게 메밀꽃 밭을 이리 저리 흐르듯 돌아다녔다. 그런 후 찾아든 뾰족 천막의 음식점. 메밀꽃축제 장소답게 그곳의 주메뉴는 메밀묵과 메밀국수였다. 메밀국수는 후루룩 목 안으로 잘도 넘어갔고 상추, 부추, 당근과 양파를 곁들여 무쳐낸 메밀묵은 그 맛이 여간 상큼하고 부드러운 게 아니었다. 그리고 앙증스런 옹기에 담겨 내온 동동주를 조롱바가지로 넘치게 채워 마시는 기분이라니.

나와 아들 내외의 건배하는 모습을 지켜보던 여덟 살짜리 손자 녀석은 빙글빙글 웃으며 코를 벌렁벌렁하고. 시원하고 달착지근한 두 잔의 동동주는 한낮의 열기와 피곤을 한꺼번에 날려버렸다. 뭐니 뭐니 해도 관광지 축제에서의 클라이맥스는 토속 음식과 동동주로 한껏 기분을 내는 것.

그러다가 생각은 작품 속의 허 생원을 향해 또 달려갔다. 허 생원, 그가 파장 후, 찾아간 허름한 주막집, 그곳에서 조 선달과 주거니 받거니 잔을 기울였을 그 막걸리 맛도 내가 마신 동동주처럼 입에 쩍쩍 달라붙었을까. 늙수그레한 주모의 걸쭉한 농담을 안주삼아 불콰하게 취해갔을까.

한낮의 해는 어느덧 중천을 넘어 서쪽으로 향하는데 오가는 사람들의 발걸음은 끊일 줄 몰랐다. 출발하는 우리 차 꽁무니를 황톳빛 먼지가 폴폴거리며 따라오는데 차 앞 유리창 밖에선 잠자리 몇 마리가 낮게, 낮게 선회하고 있었다.

(2011)

# 아름다운 사람들

햇병아리 교사였던 젊은 시절, 나를 성숙하게 했던 아름다운 사람들과의 만남을 떠올리려 합니다. 내 나이 스무한 살 적, 장수초등학교에서 1년을 보낸 후 근무처를 산서초등학교로 옮겼던 때였습니다. 혼자 적적하던 차에 학창 시절 가장 친했던 친구 L이 그곳으로 발령을 받아 왔고 의기투합한 우린 함께 자취생활을 시작했지요.

생각나네요. 장수군 산서면 동화리의 그 초가집이. 70이 넘은 할아버지와 할머니, 그리고 중년의 아들과 심한 장애를 가진 딸 하나, 이렇게 네 식구가 가난하게 살던 집이었습니다.

농촌이지만 농사지을 한 뼘의 땅도 갖지 못한 그들은 중년의 아들이 어쩌다 벌어다 주는 생활비로 어려운 살림을 꾸리고 있었습니다.

어느 날, 주인 집 할머니는 퇴근해 돌아온 우리를 저녁식사에 초대해 주었습니다. 아! 그때의 그 밥상. 흰 사기 밥그릇에 수북하게 담겨 있던 새까만 보리밥. 고춧가루와 다른 양념을 전혀 넣지 않고 소금으로만 버무린 것 같은 시퍼런 배추김치, 그리고 한 종지의 간장과 호박잎과 애호박을 넣어 끓인 된장국이 전부였습니다.

"온종일 아이들 가르치느라고 얼마나 배가 고플 거여. 어서 먹어." 망설이는 나와 친구 손에 숟가락을 쥐어 주며 말씀하시던 할머니의 갈퀴 같던 손.

한 술 떠서 입에 넣고 씹으려니 자꾸 이빨 사이로 빠져나갔던 보리 낱알, 낱알들. 한 톨의 쌀도 섞지 않고 삶은 보리만으로 지은 밥이었으니 진기가 없는 게 당연했지요. 입안에서 제각각 놀았던 탱글탱글한 보리 낱알. 그래도 오래오래 씹으니 보리밥 특유의 고소한 맛이 났었지요.

그리고 먹을 수 있을까 염려되었던 그 김치는 또 얼마나 개운하고 맛이 있었던지. 보리밥에 가닥으로 된 김치를 걸쳐서 입안 가득 넣고 맛있게 먹었던 기억이 새롭습니다. 펄펄 끓인 고소한 숭늉까지 마신 후 잘 먹었다는 인사를 하고 일어서는 우리에게 할아버지는 허허 웃으며 이렇게 말씀하셨습니다.

"시악시 선생들, 어쩌면 그렇게 밥을 맛있게 먹을 수가 있수. 나중에 시집들 가면 복 많이 받고 잘 살 거여. 하도 반찬이 시원찮아서 할멈에게 어떻게 이런 밥을 줄 수 있느냐고 말렸는데 말이어, 정말 고맙수. 먹는 게 어쩜 그렇게들 수투름할까."

그렇게 우린 그 노부부와의 친분을 쌓아갔습니다.

추색이 완연한 어느 날 밤, 우리들의 방을 노크하는 소리가 들렸습니다. 방문을 열어보니 그 집 딸이 서 있었습니다. 전신이 마비되어 걸음도 불편하고 두 팔과 손이 심히 뒤틀려 물건 하나 제대로 들지 못하는 그녀. 어디 그뿐입니까. 한 마디의 말을 하기 위해 얼굴의 온 근육을 한참이나 씰룩여야만 불분명한 말을 힘들게 토해내는 그녀가 말입니다.

그런데 그녀는 오른팔 겨드랑이에 그릇 하나를 끼고 있었습니다. 웬일인가 싶어 눈을 크게 뜨는 우리에게 그녀가 말했습니다.

"선생님들, 아직 잠 안 자고 있었지요? 궁금할까 봐 가져온 것인데 잡숴 봐요."

그녀가 내민 양은그릇 속엔 몇 개의 삶은 고구마가 들어 있었습니다. 턱이 높은 우리의 방으로 올라오기 쉽도록 손을 내밀어 잡아끌어 줬지만 그녀는 끝내 사양하며 발길을 돌렸습니다. 행여 우리가 밖으로 나올까 봐 펴지지도 않는 굽은 두 손을 들어올려 어서 문을 닫으라고 손사래를 치면서 말입니다. 걸을 때마다 온몸을 좌우로 심히 뒤뚱거리며 신고 온 검정 고무신을 끌며 그렇게 제 방으로 사라졌습니다.

그날 밤 그녀가 가져다 준 고구마 몇 개를 나누어 먹으며 친구와 난 자꾸 목이 메여 주전자의 물을 다 비웠던 기억이 납니다.

가난은 나라님도 구제하지 못한다는 말도 있고 어느 시대, 어떤 곳에서도 가난한 사람은 있게 마련이지만 우리가 자취생활을 하던 그곳 할아버지 가족의 가난은 우리의 마음을 늘 아프게 했습니다.

친구와 난 비교적 부유한 환경에서 별 어려움 없이 학창 시절을 보냈고 발령을 받은 후에도 늘 여유로운 생활을 즐겼던 터라 가난을 실감하지 못했습니다. 그러나 그곳에서의 생활은 우리 정신연령의 수치를 한층 더 높여 주는 계기가 되었습니다. 넉넉한 생활 속에서 온 가족이 화목하게 살 수 있다면 그 이상 좋을 수 없겠지만 가난 속에서도 가족애를 얼마든지 존속시킬 수 있었음을 그 할아버지 가족은 우리에게 보여준 것이지요.

늘 웃음이 끊이지 않았던 할아버지의 주름진 얼굴과 턱 아래 무성했던 흰 수염. 젊은 시절부터 삯 받는 일이면 안 해 본 일이 없었다던 할머니. 결혼 후 도시에 나가 살다가 몇 년 전 이혼한 후 딸린 자식도 없이 혼자서 본가에 돌아와 살던 40대 초반의 아들. 그 아들은 하는 일 없이 무위도식하다가도 휭 하니 집을 나가곤 했습니다. 그리곤 일주일 혹은 열흘이 넘도록 소식이 없다가도 집에 불쑥 돌아와 부모에게 얼마의 돈을 쥐어주곤 했습니다. 남의 집 사정을 어찌 그리 자세히 알 수 있을까만 위의 사실은 장애를 가진 딸이 우리에게 띄엄띄엄 들려준 얘기였습니다.

아들이 돌아와 네 식구가 다 모인 날 밤, 마당에 모깃불로 피워 놓은 쑥 무더기에선 매캐한 연기가 솟아오르곤 했습니다. 밤이 깊도록 마당의 평상에 둘러앉아 도란도란 얘기꽃을 피우는 그 집 여름밤의 풍경은 참으로 평화로웠습니다. 몹시 가난했고, 가족 구성 또한 누가 봐도 행복 조건에 한참이나 모자란 상태였음에도 불구하고 할아버지 댁의 풍경은 늘 고즈넉하고 안온하고 맑았습니다. 어떤 경우에도 큰 소리 한 번 내는 일 없이 서로가 서로를 배려하고 다독이며 살고 있었습니다. 겨울, 자주 목격할 수 있었습니다. 싸늘하게 식은 우리의 방을 데우기 위해 우리의 퇴근 시간에 맞추어 머릴 아궁이 쪽을 향해 앉아 계시던 굽은 등의 할아버지를 말입니다.

그해가 1963년이었으니 40년이 넘었군요. 그땐 교통이 불편해서 집인 군산까지 가려면 구불구불한 비행기재를 넘어서 서너 시간을 달려야 했습니다. 시간이 많이 소요되는 건 차치하고라도 차 멀미를 심히 했던 까닭에 난 방학 때가 아니면 아예 집에 갈 엄두도 내지 못했습니다.

그런 딸의 형편을 잘 알고 있는 집에선 인편이나 차편만 있으면 여러 가지 반찬을 한 아름씩 보내주곤 했습니다. 항구 도시인 군산의 특산물인 건어물과 싱싱한 생선, 그리고 어머니께서 만든 밑반찬이 도착되면 우린 주인집 할아버지 댁에 종류별로 골고루 나누어 드리곤 했습니다.

일 년 반 넘게 그 집에서 그렇게 정을 나누며 살다가 다른 곳으로 이사했지만 우린 그분들을 가끔 떠올리며 그리워했습니다. 어찌 그렇지 않겠습니까. 우릴 당신들의 친손녀인 양 여기고 돌봐주셨고, 무엇인가 끊임없이 주고 싶어했지만 가진 것이 없음을 늘 안타까워했던 그분들의 마음을요. 오늘도 나는 떠올립니다. 많은 세월이 흘렀어도 잊히지 않고 또렷이 다가오는 그분들의 모습을.

초년병인 처녀 교사 시절 우리에게 소중한 교훈을 불어넣어 주신 분들. 참 좋은 인간관계란 작은 나눔이요, 서로에 대한 애정어린 관심이라는 것을. 그리고 물질은 꼭 필요한 것이되 그것만이 행복의 척도는 결코 아니라는 평범한 진리를.

가슴에 묻은 아름다운 사람들을 기억하고 끄집어내어 마주할 수 있음에 행복합니다. 영육이 피폐해질 때마다 주저없이 들여다볼 수 있는 젊은 날의 빛나는 추억의 보고가 있음에 감사드립니다.

(2006)

# 행복이란

어느 날, 한 통의 전화를 받았다. '한국사랑봉사회'라며 전에 두 번의 후원을 받은 적이 있는데 이번에도 도와줄 수 있겠느냐는 문의 전화였다. 그러마고 흔쾌히 대답을 했는데 잊고 지냈다. 그러던 중 어제 내 우편함에서 두툼한 노란 봉투를 보았다. 양말 세 켤레와 운영 취지, 그리고 후원환자 명단과 독거노인, 소년소녀 가장 등 수혜자 명단이 들어 있었다. '한국사랑봉사회'에서 보낸 것이었다.

마음먹은 액수를 송금한 후 부탁한 대로 그곳에 전화를 했더니 목소리 예쁜 여직원이 받았다. 보내드린 돈이 많지 않아 죄송하다고 얘기했더니 그 여직원이 말했다. "무슨 말씀이세요. 액수의 많고 적음을 떠나서 우리들의 뜻에 동참해 주신 것만으로 얼마나 큰 힘이 되는지 몰라요. 후원해주신 분들의 그 따뜻한 마음에 힘입어 수혜자 여러분들은 희망을 잃지 않고 살아갈 힘을 얻고 있는걸요. 정말 감사합니다. 행복하시길 바랍니다." 그랬다. 그 여직원은 나에게 행복하길 바란다고 말했다.

행복 하면 떠오르는 얼굴. 활짝 웃고 있는 그 얼굴. 2010년 2월, 아프리카 수단 남쪽의 작은 마을 톤즈, 남수단의 자랑인 톤즈 부라스 밴드가 마을을 행진하고 있었다. 선두에 선 소녀들은 한 남자의 사진을 들고 있었다. 환하게 웃고 있는 사진 속의 그 남자. 그 사진에 겹쳐 떠오르던 다른 모습의 그의 얼굴. 한센병 환자를 치료하면서도, 새로 지은 병원의 지붕 위에 올라앉아서도, 흙탕물 같은 개울에서 그곳 소년들과 한타령이 되어 뒹굴면서도 그는 웃고 있었다.

마을 사람들은 톤즈의 아버지였던 그의 죽음이 믿기지 않는다며 눈물을 흘렸다. 강인함과 용맹함의 상징인 종족 딩카족. 눈물을 가장 큰 수치로 생각하며 무슨 일이 있어도 눈물을 보이지 않던 그들을 울리고야 만 그 남자.

그곳 삭막한 땅 톤즈에서 눈물의 배웅을 받으며 이 세상 마지막 길을 떠난 사람. 마흔여덟의 나이로 짧은 생을 마감한 고故 이태석 신부. 톤즈의 아버지이자, 의사였고 선생님, 지휘자, 건축가였던 쫄리 신부님 이태석. 자신의 모든 것을 바쳐 그들을 사랑했던 헌신적인 그의 삶. 그의 생애를 다룬 다큐멘터리 「울지 마 톤즈」를 보면서 나 또한 주체할 수 없이 많은 눈물을 흘렸다.

세상 사람들이 추구하고 있는 것들, 명예와 부, 안락과 평안을 버리고 톤즈로 달려가 그곳 사람들의 행복을 위해 자신을 불살랐던 사람, 그들 모두에게 희망을 주었던 사람. 마지막 그를 배웅한 후 누가 시키지도 않았는데도 흩어지지 않고 한 자리에 모여 부라스 밴드가 연주했던 그 노래. '사랑해, 당신을 정말로 사랑해. 당신이 내 곁을 떠나간 후에 얼마나 눈물을 흘렸는지 모른다오.'

'당신이 추구하는 삶의 목적이 뭐냐?'고 묻는다면 어떤 사람들은 선뜻 대답하지 못하고 한참을 망설이다 "목적은 무슨 목적? 그냥 사는 거지 뭐."라는 무책임하고 회의적인 대답을 할 수도 있겠다. 아님 '이왕 태어났으니 내게 주어진 삶을 열심히 사는 것.' 이라는 약간은 불투명하나 자기 삶에 대한 긍정적인 견해를 밝히기도 하겠지. 나아가 '열심히 일해서 돈도 벌고 명예도 얻고 싶다.'라는 분명한 삶의 지향점을 제시하는 이도 있겠다. 또 어떤 이는 이렇게 형이상학적인 대답을 할 수도 있으리라. '내가 사는 동안 오늘은 어제보다 그리고 내일은 오늘보다 더 성숙한 사람이 되기 위해 꾸준히 노력하는 것.'이라는.

그리고 '추구하는 삶의 목적을 이루었을 때 얻게 되는 것은 무엇일까?'라고 또 묻는다면 대부분의 사람들은 망설임 없이 행복이라고 말하지 않을까. 모든 사람들이 간절히 바라고 있는 행복. 그렇다면 행복해지기 위해선 어떤 조건이 필요할까. 흔히들 세상에서의 행복조건은 건강과 재물, 그리고 권력과 명예라고 말한다. 그러나 이런 것들을 다 이뤘다고 진정한 행복을 느낄 수 있을까.

사람의 욕심이란 끝이 없다. 무엇인가를 원하고 그것을 손에 넣는다고 행복해지지는 않는다. 원하던 것을 손에 넣는 순간 대부분의 사람들은 더 큰 것을 원하게 된다. 그렇다면 우리의 삶이란 원하는 것을 얻기 위한 끊임없는 질주요, 목마름이니 헉헉대며 달려야 하는 그 과정이 어찌 평탄하기만을 바랄 수 있으며 그 갈증에 어찌 마음이 평안할 수 있을까. 이루려고 힘쓰면 힘쓸수록 평안과 행복은 자꾸 뒷걸음치기 일쑤다. 그렇다면 진정한 행복이란 더 가지려고, 더 이루려고 힘쓰기보다는 그 욕심들을 덜어내는 데 있지 않을까. 남보다 가진 것은 적어도 늘 만족하고 기뻐하면서 살 수만 있다면 진정한 행복은 그의 것.

행복지수가 가장 높은 나라로 바누아투를 뽑았다고 한다. 남서태평양 솔로몬제도와 뉴질랜드 사이에 수백 개의 섬으로 이루어진 바누아투. 도대체 그곳 사람들은 어떻게 살기에 행복지수가 가장 높은 걸까. 바누아투는 정치적인 힘도 매우 약하고 물질적으로도 극히 곤궁한 나라다. 집도 차도 턱없이 부족하고 돈벌이를 하지 못하는 사람들도 상당히 많은 편이다. 그럼에도 그곳 사람들의 얼굴에서는 때 묻지 않은 순수한 미소가 떠나지 않는다고 한다. 오염되지 않은 천혜의 자연을 닮아서일까. 일하지 않고 남의 도움을 받는 것을 극히 부끄러워하며 또 이웃이 불행을 당하면 그곳을 떠나지 않고 자리를 함께하며 슬픔을 나누는 따뜻한 마음을 가졌다는 그곳 사람들.

우린 흔히 상대적 빈곤이란 말을 많이 쓴다. 의식주에 부족함이 없으니 이만하면 족하다고 생각하며 유유悠悠히 살다가도 나보다 잘 살고 있는 이웃을 만나면 위축되는 감정, 그게 바로 상대적 빈곤이다. 그리고 그 감정 뒤에 따라오는 것은 당연히 불편한 심기요, 행복과는 멀어지는 감정이다. 이런 까닭만으로도 바누아투는 자연히 행복지수가 높을 수밖에 없단다. 개발도상국인 그 나라는 모든 사람들이 잘 살지 못하기 때문에 생활수준에 대한 전반적인 기대치가 낮고 그러다 보니 경쟁구도가 생기지 않는단다. 경쟁구도가 없는 평온한 마음의 상태, 이것이 바누아투 사람들의 행복지수를 높여준 이유였던 것이다.

오래전, 나는 행복과는 무관한 사람이라고 생각한 적이 있었다. 갑작스레 닥친 삶의 변화 때문이었다. 어찌할 수 없는 혼돈 속에서 몸도 마음도 휘청거리고 한없이 아팠을 때 나를 추스르게 한 말이 있었다. '모든 것은 지나가며 인생은 폭 잡기에 따라 달라진다.' 라는. 어떤 괴로움도 세월 따라 잊히게 마련이며 마음먹기에 따라 인생의 행불행이 결정되어진다는 친정어머니의 말씀이었다. 그랬다. 시간은 어김없이 흘러갔고 그 시간 속에 아픔의 자국들도 희미해져 갔다.

행복해지고 싶다. 살아있는 하루하루를 아끼며 살고 싶다. 욕심을 덜어내며 빈 그 자리에 이해와 배려를 채우며 살고 싶다. 상대의 아름다운 점, 좋은 점만을 보며 충만한 마음으로 살고 싶다. 꼭 잡은 손에서 서로의 체온을 느끼며 그렇게 따뜻하게 살고 싶다. 누가 '당신의 행복지수는 얼마입니까?' 라고 묻는다면 '10점 만점에 9점입니다.' 라고 자신 있게 대답할 수 있었으면 좋겠다.

친구와의 점심 약속 날, 그녀를 만나면 그동안 있었던 시시콜콜한 얘기들을 다 쏟아 놓으며 맘껏 웃어야지. 행복이란 놈이 우리들의 웃음 속에 쏘옥 안겨들어 달아날 생각일랑 아예 하지 못하도록 그렇게 꼭꼭 싸매야지. 붙들어 둬야지.

(2012)

# 노년에 대한 사유

우리 사회에서 노년에 대한 이미지는 대체로 두 가지로 나뉜다고 합니다. 정신적으로 일체적 능력을 상실한 '늙은이'거나 고집스럽고 탐욕스럽고 자기밖에 모르는 '옹고집쟁이'거나 어느 쪽이든 거추장스럽고 불편한 존재로 말입니다. 그리고 이런 노인의 이미지를 탈피하기 위한 노력이란 게 기껏해야 신경증적으로 주름을 감추거나 몸을 혹사시켜 '동안'과 '몸짱'을 만드는 것이라는 생각.

그런데 키케로가 말하는 노인이란 더 이상 젊음의 열정을 탐하지 않기에 자유로운 시기요, 헛된 쾌락에서 벗어나 철학에 전념할 수 있는 호기라고 했습니다. 그리고 덧붙여 나이가 들수록 무능력하거나 탐욕

스러워진다면 그건 늙음 때문이 아니라 개인의 어리석음과 집착 때문이라고 말했습니다. 학문을 닦고 미덕을 실천하며 집착과 미망을 놓아버리는 법을 훈련하는 늙어감이야말로 지복이라고 했습니다.

정말 공감이 가는 말입니다만 과연 난 늙어감이야말로 지복이라 할 만큼 멋진 노년을 보내고 있는지 점검해 봅니다. 학문을 닦고 철학에 전념하진 않더라도 하나의 인간으로서 부끄럽지 않은 생활을 하고 있는지 말입니다.

남의 눈에 보이는 외모는 어떤가. 늘 생기 잃은 모습으로 주위를 어둡게 하지는 않는가. 최소한의 예의인 자기 꾸미기에 소홀하지는 않은가. 아름다운 언어생활에 힘쓰는가. 행동이나 마음 씀은 어떤가. 살아온 경륜만을 내세워 타인과의 관계에서 불협화음을 조성하지는 않았는가. 타협도 이해도 없는 자기만의 아성에 갇힌 채 나날을 우울증에 시달리고 있지는 않은가.

할 수만 있으면 늙어감을 의식하지 않고 늘 자신을 점검하며 살고 싶습니다. 살아있는 동안의 귀중한 시간을 온전히 내 것으로 향유하고 싶습니다. 물리적, 정신적으로 큰 흠이 없는 상태에서 살고 싶습니다. 그리하여 누구에게도 짐이 되지 않고 누구에게도 귀찮은 존재가 되지 않는 상태로서의 멋진 노년을 즐기고 싶습니다.

노령화 사회로 치닫고 있다는 신문의 기사를 대할 때마다 가슴이 서늘해지고 한숨이 나오는 건 자신이 노령화 사회의 일원이라는 걸 어쩔 수 없이 인정하기 때문이요, 오래 산다는 건 국가적으로 폐가 되겠구나 라는 자괴감 때문입니다만, 어쩌겠어요. 늙었든 젊었든 남자건 여자건 간에 모두 이 땅에 존재하는 소중한 생명체로서 인간적인 대접을 받으며 살 권리가 있는데요.

바라기는 젊은이가 바라보는 노인에 대한 시선이 긍정적인 것이길 빌 뿐입니다. 부양의 책임을 떠넘겨준 무거운 짐이 아닌 인생 선배로서 말입니다. 인생을 많이 살아온 경험자로서의 현명함과 지혜를 갖춘 인격체로서 말입니다.

노년의 초입에 들어선 지금의 내가 좋습니다. 퉁기면 '쨍'하고 날카롭게 소리 나던 생활의 긴장감, 그 긴장감을 팽팽하게 지닌 채 한 치의 여유도 없이 달려왔던 지나간 시절, 그 시절이 있었기에 오늘의 내가 존재할 수 있음을 압니다. 속삭이듯 부드럽게 내 가슴에 안겨오는 소리들이 있어 감사하고 또 행복합니다.

'너, 참 애썼어. 네 의무에 항상 충실했어.'

'모자란 부분에 기죽지 않고 늘 있는 만큼에 감사하면서 살았잖아.'

'어떤 경우에도 넌 웃음을 잃지 않고 씩씩하게 잘 견뎌냈어.'

그래서 내린 결론이 무엇인지 아세요? 자신을 고무하고 스스로를 더 많이 사랑해 주자는 것입니다. 수고하면 수고한 만큼의 대가를 치러 줘야 힘이 날 테니까요.

자신에게 더 없이 엄격하고 인색했던 끈을 느슨하게 풀어 주리라. 이젠 자신의 수순을 최하위에 두지는 말아야지. 다른 사람에게 베풀었던 배려를 나 자신을 위해서도 맘껏 베풀면서 살아야겠다는 생각들 말입니다. 자신을 귀하게 가꾸고 예우해야 남도 나를 그리 대하리라고 생각한다면 어리석은 발상일까요.

그러다가 갑자기 쿡 웃음이 터집니다. 어느 날의 전화 내용이 떠올라섭니다. 한가로이 신문의 사설을 읽고 있는데 동사무소라며 여직원이 물었습니다. 사는 데 어디 불편한 곳은 없는가, 의식주의 부족으로 지원신청을 받고 싶지는 않은가 등등의 동사무소에 등재된 주민등록을 보고 혼자 사는 노인들을 상대로 하는 전화였습니다. 그때 난 이렇게 말했습니다.

"신경 쓰고 염려해 주셔서 감사합니다만 아직은 괜찮습니다. 살아가는 데 크게 불편한 점도 부족한 것도 없습니다."

내가 그런 전화의 대상이 된 것이 서글펐지만 어쩌겠어요. 나이도 주거 형태도 부인할 수 없는 상황이니까요. 그러나 무엇보다 먼저 떠오른 생각은 감사함이었습니다. 국가나 공공단체의 경제적인 도움 없이도 살아갈 수 있는 내 상황에 감사했습니다. 소망합니다. 노령화되어 가는 우리 사회의 염려를 불식시키기 위해 가까운 시간에 신문이나 인터넷에서 이런 글을 접할 수 있길 바랍니다.

'몇 년 전까지만 해도 우리는 우리나라가 노령사회가 되어가는 걸 무척이나 두려워했다. 왜냐면 평균 연령이 늘어감에 따라 장수하는 노인은 많아지는데 출산 인구는 해마다 줄었기 때문이다. 젊은 부모들은 자녀 출산을 극히 두려워했다. 그 이유는 자녀 한 명을 키우기에 투자하는 금액이 엄청나게 많아져 감당하기 어렵기 때문이었다. 그래서 어떤 부부는 아예 자녀 낳기를 포기하고 둘만의 결혼생활을 갖길 원하기도 했으며 다른 어떤 가정도 하나 이상의 자녀 두기를 몹시 꺼렸다. 그런데 지금은 어떤가. 모든 국민의 피땀어린 노력으로 경제 대국으로 우뚝 선 우리가 아닌가. 어느 나라에도 비길 수 없을 만큼의 안정된 국민 소득과 복지국가가 되어 어깨를 펴고 있지 않은가. 또한 국가의 중요 시책으로 장려한 인구 증가책은 우리나라의 출산율을 300%로 높이는 데 기여했다. 신생아에 대한 파격적인 대우, 자녀 출산에서 대학 졸업까지 일체의 비용을 국가가 부담한다는 것. 이런 추세로 간다면 머지않아 우리 사회의 노령화는 자연히 줄어들 것이며 노인과 젊은이가 잘 조화되어 더불어 살아가는 아름다운 사회가 될 것이다. 이것이야말로 우리가 진정 바랐던 참사회 모습이 아니던가.'

(2008)

# 2부

'무소유란 아무것도 갖지 않는 것이 아니라 불필요한 것을 갖지 않는 것이다.', '삶은 소유물이 아니라 순간순간의 있음이다.'

# 참으로 행복했다

찰랑거리는 햇살 속에 온몸을 담그고 뒤엉켜 놀고 있는 너희들을 바라본다. 바람이 한 차례 세게 불어오자 운동장 가장자리에 심겨져 있는 나무의 잔가지가 휘청이고 초록빛 잎들은 일제히 찰랑대기 시작한다. 그리고 한쪽 구석에 버려져 있던 휴지 한 장이 바람 따라 빙그르르 공중회전을 시도한다.

누가 시킨 것도 아닌데 바람을 피하려 주저앉기도 하고 바람의 반대 방향으로 몸을 틀고 서 있는 너희들을 보니 자꾸 웃음이 나온다. 누가 너희들 두뇌에서 뿜어져나오는 순간적인 재치와 현명을 가늠할 수 있으랴. 누가 너희들 온몸에서 넘쳐나는 생기를 막을 수 있으랴. 누가 너희들의 재잘거림에 제동을 걸 수 있으랴.

참으로 행복했다. 오랜 세월을 오직 한 길을 걸어오면서 한 치의 회의도 후회도 없는 뜨거운 날들을 보냈다. 내가 설 자리는 이곳 말고는 그 어느 곳에도 존재하지 않음을 진즉에 눈치 챘다고 한다면 내가 사랑한 내 일에 대한 설명으로 조금은 부족할지도 모른다. 그러나 어떤 화려한 말보다도 이 말을 끄집어낸 것은 조금의 가감도 없는 너무나도 솔직한 나의 고백이다. 군더더기 모두 제거한 나의 담담한 고백이다.

그리고 금년, 2005년은 나의 긴 세월 43년을 응축시킨 해임을 고백한다. 뒤돌아보면 무수히 찍힌 세월의 흔적들. 세월에 마모되어 희미해진 그 발자국 자국 모두를 되짚으려니 가슴에 '싸아' 하니 들리는 소리, 나뭇가지 흔들리는 소리. 거센 바람에 어쩔 수 없이 온몸 휘어져 부러질 듯, 부러질 듯 하다가도 결코 쓰러질 순 없어 얼른 곧추세웠던 시린 몸. 나뭇가지, 결코 만만할 수 없는 무게를 짊어진 가지였다.

연둣빛 새순이 돋을 때면 가슴 떨리는 기대와 사랑으로 새순을 감싸안고 노래했다. 미풍을 실어 노래했다. 자잘하게 부서지는 햇살을 향하도록 자리를 옮겨가며 새순을 키우기에 힘써 왔다. 연둣빛 작은 잎이 나날이 그 빛과 크기를 달리하여 청록빛의 아기 손바닥만 한 크기로 커갔을 때 얼마나 오졌던가. 때론 벌레를 타 구멍이 났을 땐 과감히 벌레 먹은 자리를 잘라내기도 했다. 안쓰러움에 가슴 졸일 때 떨어질 듯, 떨어질 듯 떨어지지 않고 용케도 잘 견뎌낸 잎, 잎들. 상처난 잎들이 상처난 그대로의 모양새에도 기죽지 않았을 때, 다른 성한 잎들과 섞여 몸을 비비며 살랑거릴 땐 정말 좋았다. 상처로 인해 오랫동안 고통받지 않는 그 단순함이 정말 예뻤다.

자리를 옮겨가며 정성을 기울였다. 수분의 양과 바람과 햇빛의 강도에 주의를 기울이곤 했다. 사랑이었다. 건성, 건성이 아닌 일상의 습관이 아닌 사랑의 몸짓이었다. 부족해서도 넘쳐서도, 어느 한곳에 치우쳐서도 안 되는. 해가 갈수록 깊은 맛을 내는 몇 년 묵은 간장처럼. 해마다 달이고 또 달여서 조청 같은 진한 색과 맛을 내는.

그러나 어찌 가지가 있음으로 잎이 존재할 수 있다고 말할 수 있으랴. 오히려 작은 잎들이 있으므로 가지가 존재할 수 있었던 것을. 한겨울, 찬바람에 모든 잎 놓쳐 버린 채 오돌, 오돌 떨고 있는 바싹 마른 가지, 그 가지의 마른 몸 곳곳에 어느새 자리잡은 겨울눈, 보송한 털 속의 도톰한 겨울눈이 되어 다시 올 봄을 꿈꾸게 했던 너희 잎들.

때가 되면 가지치기가 시작되고 쓸모 잃은 가지는 주인의 손에 의해 잘려나가는 법. 잘려나간 가지를 대신하여 새 가지는 생겨날 것이고, 그 새 가지마다에 무성히 매달릴 너희 찰랑이는 잎, 잎새들. 비록 작고 연약한 잎이지만 머지않아 그 잎 사이사이에 꽃은 피어날 것이고 꽃이 진 자리엔 탐스런 열매를 맺을 것을. 가지로 남아 한참을 너희들의 찰랑거리는 몸짓과 함께하고 싶은데 어쩌랴! 되물릴 수 없는 세월인 것을. 이제 남은 시간이 얼마 되지 않음을.

오늘도 나는 늦으면 큰일이라도 나는 듯 서둘러 출근했다. 복도 창과 교실 창을 모두 열어 놓는다. 바람이 싱그럽다. 나는 큰 호흡을 하며 간절히 기구한다.

'사랑이란 이름으로 내 반 아이들에게 상처 주는 일이 없게 하옵소서.'

'열 번이면 열 번 모두 싸안을 수 있는 넓은 가슴이게 하소서.'

'지각대장도, 거짓말쟁이도, 툭하면 싸움을 일삼는 말썽꾸러기도 미워할 수 없는, 내가 살아갈 명분임을 잊지 않게 하옵소서.'

이른 시간이라 아직 채워지지 않은 너희들의 빈자리, 그 빈자리에 내 소망과 희망을 싣는다. 너희들 모두는 내 삶의 의미였다. 너희들이 있었기에 나 또한 존재할 수 있었다. 그런 너희들 하나, 하나가 어찌 소중하지 않고 예쁘지 않으랴! 조금 후엔 왁자지껄한 너희들의 목소리가 엉길 테고 또 작고 큰 소란도 이어지겠지. 그리고 그 소란 속에서 너희들이 무럭무럭 자라고 이해와 현명의 그늘도 짙어지겠지.

너희들이 있으므로 참으로 행복하다. 그리고 앞으로 너희들을 떠나 쉽게 만날 수 없게 되더라도 너희들을 추억하므로 나는 행복할 것이다.

애들아! 사랑한다. 많이, 많이 사랑한다.

(2005)

# 유혹

운동하러 나온 밤길. 하이마트 횡단보도 앞 한쪽 귀퉁이에 자리잡은 낡은 포장마차. 막 구워져 나온 붕어빵이 기다리고 있던 남학생의 손에 옮겨지고 김이 나는 어묵 국물을 훌훌 마셔가며 맛있게 먹는다. 침이 고인다.

찬바람이 불기 시작하면 거리거리마다 기다렸다는 듯 문을 여는 붕어빵 포장마차. 제과점 빵보다 막 구워낸 붕어빵을 좋아하는 터라 퇴근길이나 밤길엔 그냥 지나치지 않고 꼭 들렀던 곳. 뜨끈뜨끈한 붕어빵을 한 입 가득 베어 물었을 때 입안 가득 퍼지는 팥의 달콤함과 행복감. '주머니에 돈도 넉넉히 있겠다, 그냥 사먹어 버려? 뭐 하나 두 개쯤

이야 어쩌려고?' 잠시 동안 망설이다 평정을 되찾는다. 유혹을 물리쳐 버린다.

체중 감소를 위해 걷기 운동을 시작한 지 서너 달. 저녁식사 후엔 물 외에는 아무것도 먹지 않겠다고 다짐했는데 그 다짐을 파기할 순 없으니까. '한 번쯤 괜찮겠지.' 긴장을 늦추다 보면 그 한 번이 여러 번이 되고 그렇게 하다 보면 계획한 게 무위로 돌아갈 게 빤하니까. 횡단보도를 건너가면서 콧노래를 흥얼댄다. 발걸음이 빨라지고 경쾌해진다. 어렸을 적부터 주위 사람들로부터 이런 얘길 많이 들어왔다.

'음식을 참 복스럽게 먹는다. 네가 먹는 걸 보면 없던 입맛도 저절로 생긴다.'

그리고 어머니는 말씀하셨다.

"넌 생일이 추석 다음 날이니까 일생 동안 먹을 건 넉넉할 게다. 비록 새로 장만한 음식은 아닐망정 추석 음식이 그 이튿날까지 많이 남아 있을 게 아니냐."

어머니의 말씀이 효력을 나타낸 때문일까. 어렸을 때부터 풍족한 식생활을 누려왔다. 먹을 게 부족해서 굶주려 본 기억이 전혀 없다.

어느 부모가 그러지 않을까마는 우리 부모님 또한 자식 욕심이 남달랐다. 교육열의는 물론 건강관리에도 늘 관심을 기울이셨다. 잘 먹어야 자식들이 건강한 체력을 유지한다는 게 당신들의 지론이었다. 그

일환으로 아버진 매년 도축장과 계약을 하곤 했다. 소 새끼가 생길 때 그 횟수에 구애됨이 없이 당신에게 공급해 준다는 내용의. 새끼 밴 암소를 도살했을 때, 그 암소의 뱃속에 있던 새끼. 잘 손질되어 배달된 것을 어머니께서는 밤잠 줄여가며 가마솥에 끓였다. 그리고 다음 날 아침엔 우리의 밥상에 오르곤 했다.

앞앞에 놓인 큰 대접의 고깃국을 마주하는 형제들의 표정도 다양했다. 고기도 먹어 본 사람이 잘 먹는다고 했던가. 육식을 좋아하는 두 오빠를 비롯한 대부분의 형제들은 망설임 없이 밥을 말아 맛있게들 먹곤 했다. 허나 좋아하는 음식이라도 늘 입맛에 당기는 건 아니어서 먹기 싫을 때도 있을 터. 허나 부모님이 우리 형제들의 식사하는 모습을 바라보고 있는데 입 열어 먹기 싫다는 투정을 부릴 수는 없는 일. 먹는 체하며 눈치껏 수저 놀림의 속도를 줄이기도 하고 속이 좋지 않다는 핑계를 대가며 자리에서 먼저 일어나기라도 할 땐 아버진 허허 웃으며 이렇게 말씀하셨다.

"요 녀석, 오늘 아침엔 밥맛이 없냐? 억지로 먹진 말아라. 그러나 오늘 저녁은 보약 먹는 셈 치고 한 그릇 다 먹어야 한다. 약속하지? 어려서부터 잘 먹어야 건강할 게 아니냐."

결혼하여 자식 낳고 살고 보니 알겠다. 부모님이 우리 형제들에게 쏟은 그 정성이 얼마나 크고 또 지극했나를.

기골이 장대하고 힘도 세어 젊었을 땐 장사라는 별명을 가졌다는 아버진 체격만큼이나 자식 사랑의 정도 깊으셨다. 지금이야 채식주의다, 다이어트다 하며 육식을 거부하는 사람도 많지만 내 어렸을 적엔 어디 그랬던가. 국민 소득도 낮고 그에 따라 가난을 업처럼 짊어지고 사는 사람도 많았다. 그러니 세끼 밥을 다 챙겨 먹을 수 있는 것만으로 만족하던 시절.

그럼에도 우리의 밥상을 늘 풍성하게 해준 건 부모님의 경제적인 능력 때문이었다. 그리고 그 능력에 비례한 변함없는 생각 때문이었다. 건강과 식생활은 직접적인 관계가 있다는. 보약보다 중요한 건 하루 세끼 식사요, 세끼 식사를 균형 있게 하게 하기 위해선 끊임없는 관심과 투자를 아끼지 말아야 한다는.

성장기의 풍요한 식생활과 맛있게 먹는다는 칭찬의 말, 그 말의 달콤함에 빠져 무심히 지내온 세월. 그러다 어느 날 자신을 되돌아보았을 때 이건 아닌데 라는 자괴감에 사로잡혔다. 세월의 부피만큼이나 체중 또한 불어나 있었던 것. 혹자는 말한다. 나잇살이라는 게 있으니 그리 염려할 건 없다고. 그러나 어떤 이는 심한 독설을 내뱉기도 한다. 체중 관리를 하지 않는 건 그만큼 자신을 방기한 게 아니냐는. 그럴 때마다 가슴이 뜨끔해진다. 꼭 자신을 겨냥한 말인 듯싶어서.

오늘은 몹시 힘들었다. 자꾸 목이 아프고 온몸이 무거운 게 감기라도 올 모양이다, 유혹을 느낀다. '오늘 밤은 쉬자. 하루 쉰다고 크게 달라질 건 없겠지.' 그러다가 벌떡 일어났던 것이다.

맛있는 붕어빵의 유혹을 물리치고 횡단보도를 건너 걷기 시작했다. 시원하게 불어오는 밤바람이 차다. 불빛이 반짝이는 많은 상가를 지나고 여러 사람도 지나친다. 속력을 내서 걷는다. 쌀쌀하게 느껴졌던 체감온도가 점점 높아진다. 오늘 하루도 제대로 마감했다는 충일감을 안고 바라본 밤하늘엔 초승달이 높이 걸려 있었다.

(2008)

# 교실 풍경

## 풍경 1. 개구리가 징그러워요

수학시간. 나눗셈 푸는 방법에 대해 열심히 설명하고 있는데

“엄마야!” 하는 비명과 함께 창가에 앉은 선영이가 벌떡 일어난다.

“왜 그러니?”

놀라 묻는 나에게

“선생님, 개구리가, 개구리가……”

더듬거리며 말끝을 맺지 못하는 선영이 얼굴이 놀라움에 일그러져 있고 눈물이 글썽하다. 창가 수조 속에 있던 개구리 한 마리가 튀어나와 선영이를 놀라게 한 것이다. 고놈들이 튀어나오는 걸 막으려고 두

꺼운 마분지로 숨구멍을 뚫어 덮어놓았는데 열린 창문으로 들어온 바람이 마분지를 벗겨버린 것이다. 올챙이가 개구리가 되기까지의 과정을 공부하는 데 필요한 것들이다.

"놀랐지? 자리 바꿔 줄까?"

"예. 선생님, 전 개구리가 징그러워요."

선영이의 겁먹은 대답을 듣고 있던 남자애들이 서로 자릴 바꿔주겠다고 야단들이다.

"뭐가 징그럽지? 요렇게 귀여운데."

어느새 창가로 달려간 주성이가 도망나온 개구리를 잡아들고 한 술 더 떠서 고놈에게 뽀뽀를 하고 있다.

"어휴, 주성이 좀 봐."

"윽! 개구리에게 뽀뽀를."

교실이 왁자지껄해지며 아이들 얼굴마다 장난기가 가득 묻어나온다.

나는 개구리를 집어들고 선영이에게 너무 겁낼 것 없다고 위로해주고 싶었다. 그러나 사실 나도 지금껏 맨손으로 개구리를 만진 적이 없다. 뒷다리와 앞다리를 관찰할 때도 남자애들에게 들고 있으라고 한 겁쟁이다.

'어휴, 징그러운 것.'

주성이의 능청을 보며 나 또한 자꾸 개구리가 징그러워를 되뇌이고 있었다.

### 풍경 2. 선생님 배는 미워요

글짓기 시간. 제목은 「우리 선생님」. 끝 종이 울리자 작품을 걷어 읽기 시작했다. 대부분 '선생님은 우리를 가르쳐 주시니 고맙다.'거나 '상냥하고 참 좋으신 분인데 우리가 떠들거나 공부를 열심히 하지 않으면 화를 내신다. 그럴 땐 우리 선생님은 몹시도 무섭다.' 라는 내용이 대부분인데, 지아의 글은 좀 특이했다.

'우리 선생님은 참 예쁘시다. 눈도 코도 입도 한 군데도 미운 데가 없다.'

'내가 그렇게 미인인가? 나도 별수 없구나. 이 나이에도 예쁘다는 소릴 들으면 가슴이 울렁이니.'

그러나 내 울렁거림에 곧 제동이 걸리고 말았다.

'그런데 우리 선생님 몸 중에 아무리 예쁘게 봐 드리려고 해도 그렇지 못한 곳이 있다. 그곳은 다름 아닌 선생님 배이다. 배가 너무 나왔다. 선생님은 자신이 뚱뚱하다는 걸 아시면서도 왜 그냥 계시는지 모르겠다. 다이어트를 해서라도 살을 빼면 좋을 텐데…….'

지아의 글은 제법 야무지게 끝을 맺고 있었다.

'뭐, 예쁘게 봐 드려? 그렇다면 처음에 썼던 눈도 코도 입도 예쁘다고 한 건 진실이 아니고 봐준 거란 말인가. 참 내 요 녀석. 내 배가 그렇게 나왔나?'

작품 교정을 하던 내 오른손이 슬그머니 배 위로 갈 수밖에.

'다이어트? 누군 살찌고 싶어서 찌나? 행여 빠질까 하여 아침도 굶고 다닌다고. 밥량도 많이 줄였고. 그런데도 체중은 여전하니……'
속으로 생각하며 바라본 내 눈에 귀염성 있는 지아의 얼굴이 들어왔다. 제 글을 읽고 상처받은 나를 아는지 모르는지 지아가 나를 보고 생긋 웃는다.

'그래. 요 녀석아, 네가 보긴 잘 봤다. 새 옷을 입어도 배 때문에 영 폼이 안 나서 걱정하고 있는 게 사실이니까.'
누가 배 나온 사람 세금 물으라고 닦달하지도 않았는데, 나는 자꾸 주눅이 들고 있었다.

(1994)

# 봄, 그 잔인함에

"무소유란 아무것도 갖지 않는 것이 아니라 불필요한 것을 갖지 않는 것이다.", "삶은 소유물이 아니라 순간순간의 있음이다.", "빈 마음, 그것을 무심이라 한다. 텅 비우고 있어야 거기 울림이 있다. 울림이 있어야 삶이 신선하고 활기 있는 것이다.", "나는 누구인가 스스로 물으라. 해답은 그 물음 속에 있다."

봄, 가을이면 세속에 나와 법향을 가득 안겨주던 법어. 좋은 말씀으로 불도뿐 아니라 많은 사람들의 가슴을 울렸던 법정은 그렇게 갔다. 세수 78세로 2010년 3월 11일 육신의 옷을 벗어버렸다. 가볍게 훨훨 날아갔다.

그는 평소 상좌에게 이렇게 일렀단다.

"장례의식을 행하지 말고, 관과 수의를 따로 마련하지도 말라. 사리를 찾으려고 하지 말며 탑도 세우지 마라."

풍요하지만 팍팍하게 사는 현대인들의 정신적 스승으로, 불교계의 대표적 명문장가였던 법정. 경전 공부와 스님으로서의 치열한 수행을 멈추지 않았던 그. 방대한 독서 등을 바탕으로 사자후의 법문을 토했던 그는 갔다. 살아생전 몸소 실천한 '무소유'를 실천하며 그렇게 갔다. 관도 없이 평소 입던 옷 그대로 대나무 평상 위에 누운 채로 한 줌의 재로 떠나갔다. 그날 법정 스님의 다비식을 지켜보며 내내 가슴이 먹먹했다. 참 좋은 지도자를 잃었다는 상실감으로 가슴이 시렸다.

숨이 막힌다. 웬 사건사고가 이리도 많단 말인가. 슬픔과 탄식과 가슴 졸임에서 보낸 몇 날이다. 반 토막 난 선체에 갇혀 몸부림쳤을 생떼 같은 젊음을 생각하면 가슴이 아프다. 그들, 얼마나 숨이 막혔을까. 얼마나 무서웠을까. 시시각각으로 희박해져 가는 공기 속에서 숨을 헐떡거리면서, 그들은 무엇을 생각했을까. 자국의 영해 연안 바다에서 침몰했는데도 구조받지 못하고 수장될 것이라 어디 상상이나 했겠는가.

천안함 침몰사건이 발발한 지 열흘이 지났는데도 그 원인과 경위, 위치, 시각조차 확실히 밝히지 못하고 우왕좌왕하고 있는 당국이 참으로 한심하다. 국민의 한 사람으로서 이렇게 안타까운데 그 가족들의 심정이야 어찌 다 말할 수 있을까. 사고 당일 천안함의 기동 항로를 둘러싼 모든 의혹이 명쾌하게 밝혀지기만을 바란다. 그리고 무엇보다 간절히 바라는 건 우리의 젊은이들이 무사히 구조되는 것이다.

안타까움은 여기서 그치지 않았다. 구조 작업을 하다가 목숨을 바친 한주호 준위와 한 명이라도 더 살려보려 나선 어민까지 어선 충돌로 사라졌으니 어찌한단 말인가. 그리고 집으로 돌아가지 못하고 다리 한 번 뻗지 못한 채 실종자를 건져내기 위해 밤을 새는 특수부대 잠수 군인들의 노고를 간과해선 안 되겠지.

이번 천안함 사고는 천안함 사고로 끝나지 않을 것임을 우리는 안다. 이 사건이 일파만파로 퍼져나갈 것임을 우려하지 않을 수 없다. 이 사고를 지켜보면서 병역의무에 임하고 있는 우리의 젊은이들은 무엇을 생각하고 무엇을 우려할 것인가. 국가관과 더불어 인생관이 흔들릴지도 모를 일. 또한 귀한 자식들을 군대에 보내 놓고 무사히 그 의무를 다하기만을 바라는 대한민국의 모든 부모들은 얼마나 노심초사할 것인가. 혹 내 아들도 그들처럼 불의의 사고를 당하지는 않을까 하는 걱정으로 말이다.

그런데 누가 이렇게 말했다. 천안함 사고는 현 정부에 대한 국민의 불신임과 관심을 돌리기 위해 일부러 일으킨 사고일 수도 있다고. 그게 말이나 되느냐며 경악하는 내 반응에 돌아온 대답은 이랬다. 과거의 예도 잊어버렸느냐고. 위정자들이 국민의 반발과 위기에 몰릴 때마다 썼던 극약 처방들을. 무고한 사람들을 국가보안법과 같은 죄명으로 옥죄어 감금했으며 그로 인한 여론몰이와 위기의식을 부풀렸던 사실들을. 그래서 자신들의 잘못으로부터 국민의 관심을 멀어지게 하고 은폐하려던 사실들을.

그러나 진실은 반드시 드러나게 되어 있는 법. 아직도 역사적인 굵직굵직한 사건들이 풀리지 않은 채 미궁에 빠져 있지만 그 사건들도 언젠가는 반드시 풀려 국민의 심판을 받으리라 생각된다.

그러나 그런 악성루머에 절대 동의할 순 없다. 귀중한 생명을 담보로 하여 그런 일을 벌인다는 게 어디 있을 수 있는 일이던가. 아무리 극악하다 한들 사람의 탈을 쓰고는 그런 일을 벌일 수 없음이다. 그런데 문제는 있다. 위정자들이 국민의 신임을 받고 있고, 국민을 위한 선정을 하고 있다면 누가 이런 불경한 생각을 할 것인가. 국민들 가슴에 깊이 잠재되어 있는 불평과 불만이 이번 사건을 계기로 터뜨려진 것인지도 모를 일. 그렇다고 이번 사건을 과거의 예에 결부시키는 건 어리석은 일이라 생각된다. 그래선 절대 안 되는 일이기 때문이다.

우린 깊이 바랄 뿐이다. 다시는 이런 불상사가 되풀이되어선 안 되리라고. 한 명의 시신이 발견된 채 아직도 생사를 알 수 없는 마흔

다섯 명 우리의 젊은 실종자들, 살아있을 가망이 희박하다는 데드라인 후 일주일이 지났지만 그들의 생환을 바라는 간절한 마음을 접을 순 없다. 우리의 마음이 이럴진대 그 가족들의 안타까움과 애태움은 오죽하랴.

얼었던 산야가 풀려 움츠렸던 몸을 부풀리는 이 좋은 봄날, 나뭇가지들은 제 몸 가득히 연둣빛 물감을 덧칠하고 때 맞춰 봉긋봉긋 벌어진 꽃잎들. 꽃향기에 이끌려 코를 벌름거리며 나온 아이들의 수런거림이 귀에 간지럽다. 야구하는 아이들도, 줄넘기하는 아이들도 모두 모두 기운이 넘쳐난다. 깔깔대는 아이들의 웃음소리에 섞여 남자 어른들의 굵직한 목소리도 들려온다. 놀이터가 그들의 열기로 꽉 차 있다.

그들의 활기에 이끌려 베란다 문을 활짝 열고 좀 더 가까이 다가가 그들의 움직임을 지켜본다. 심호흡을 해 본다. 두 팔을 벌려 휘돌려 본다. 그들의 활력에 동조하고 싶어진다. 그러나 그들의 열기와 기쁨에 휩싸여지지 않는다. 이 봄이, 이 봄의 잔인함이 목에 걸린 가시처럼 자꾸 아파온다. 법정 스님의 입적에 이어 천안함 젊은이들의 실종과 살아 돌아오지 못하리라는 죽음에의 예감을 어쩔 수 없다. 정말 안타깝고 허망하다.

(2010)

# 어떤 공감

러시아의 대문호 도스토옙스키는 말했다. '행복 말고 이와 똑같은 만큼의 불행이 항상 필요하다. 인간이 불행한 것은 자기가 행복하다는 것을 모르고 있기 때문이다.'

우리를 생각에 잠기게 하는 말이다. 불행을 물리적인 것에 두지 않고—예를 들면 환경의 열악함이나 물질적인 궁핍, 사회적 위치의 열세와 부적응, 육신의 질고와 가족 간의 불협화음과 해체 등—정신적인 미흡이나 공황상태에 두고 있다는 말일 게다.

이렇듯 행, 불행은 객관적인 것이 아닌 주관적인 것임에도 사람들은 객관시하길 좋아한다. 남과 비교하길 즐긴다. 자신을 인격체가 아닌 하나의 상품으로 생각하고 값을 매기곤 한다. 그리고 단정한다. '나는 ○○보다 가진 것도, 배운 것도, 능력도 모자라는 사람이야. 그러니까 별 볼일 없는 인생을 살 수밖에 없는 거야.', '살아갈 명분도 희망도 없는 나, 그런데도 살아야 된단 말인가.' 하며 울부짖고 비탄에 빠지기도 한다. 불행이라는 울타리 속에 자신을 가둬버리고 심한 우울증에 시달린다. 우울증, 이것이야말로 우리가 심히 경계하여야 할 병이라 하지 않던가. 우리를 죽음에까지 이르게 하는 무서운 병 말이다.

잠깐 숨을 돌리고 주위를 돌아보라. 나는 불행한 사람이라고 미리 단정 짓지 말라. 나는 어떤가. 최소한의 인간으로 대접받고 살만한 것을 지니지 않았는가. 피곤한 육신을 눕힐 잠자리와 일용할 양식도 갖고 있지 않은가. 그리고 무엇보다도 서로의 안위를 걱정하는 가족도 있어 시시콜콜 사는 얘기를 나누며 살고 있지 않은가. 이만 하면 자족할 만한데도 무얼 그리 큰 것을 바랐기에 나 자신을 그리 나쁜 쪽으로만 몰고 간단 말인가. 한 평도 되지 못한 쪽방에서 하루 벌어 하루 살아가는 힘든 사람들과 비교하라. 그들에 비하면 내 생활을 왕후 당상만 못하다고 어찌 말할 수 있으랴.

무엇보다 중요한 건 마음의 평화다. 마음먹는 대로 되진 않겠지만 이렇게 최면을 걸면 어떨까. '난 세상에서 무엇 하나 부러울 것 없는 사람이다. 그러므로 행복하다. 정말 행복하다.'

행복도 불행도 마음먹기에 달린 것. 행복하다고 생각하며 즐겁게 사는 사람에게는 더 큰 행복이 활짝 웃으면서 다가오고 불행하다고 생각하는 사람에게는 더 큰 불행이 검은 휘장을 펄럭거리면서 빠른 속도로 달려오는 것, 무슨 일이든 생각하는 대로, 말하는 대로 된다고 하지 않던가.

5월은 이래저래 힘든 달이었다. 잠잠해진 줄 알았던 상실감이 불쑥불쑥 튀쳐나와 나를 옥죄고 들쑤셨다. 망각의 강 깊숙이 가라앉힌 줄 알았던 아픔의 기억들이 수면으로 떠올라 고개를 바짝 쳐들고 나를 노려보며 히죽거렸다. 살맛도 의욕도 없었다. 보이는 것, 들리는 것 모두가 회색이었고 공空이었다. 마음 따라 몸 이곳, 저곳에선 적신호를 보내기 시작했다. 마른기침으로 밤잠을 설쳐야 했고 목이 아프고 귀가 욱신거렸다. 행여 질세라 이도 따라 시리고 쑤셔댔다.

내과에 들락거리고 참다못해 치과에도 가야 했다. 잇몸에 마취주사를 맞을 때마다 진저리가 쳐졌다. 엑스레이에 나타난 이의 상태는 생각보다 훨씬 심각했다. 의사선생님의 자세한 설명을 들으면서 생각했다. '그래 그동안 나 자신을 심히 방치했구나.' 서글픔과 자괴감이 엄습했다. 자신을 보살피는 데 게을리한 죄를 묻고 싶었다. 지금 나는 두 달 넘게 이의 치료에 힘쓰고 있다. 그러다 보니 무거웠던 육신의 아픔이 차츰 가벼워지고 질척거리던 마음도 허방을 벗어나 제자리를 찾아가고 있다. 육신을 다스리다 보니 나도 모르게 마음조차 다독거려졌다.

그랬다. 마음과 육신은 절대 따로따로일 수가 없었다. 마음이 아프니까 몸도 따라 아팠고, 아픈 몸을 달래다 보니 어느덧 마음조차 가벼워졌다. 불행하다고 느낀 것은 사치고 엄살이며 오만이었다. 육신의 아픔은 아픔으로 끝내야 한다. 육신의 아픔에 골 깊은 슬픔까지 얹어 고통을 배가시켜서는 안 된다. 내게 없는 것은 아무리 발버둥쳐봐도 없음, 없음이다. 빈자리에 다른 어떤 것도 채울 수 없다는 것을 진즉부터 알았고 그리 알았으니 없음을 없음 상태로 순하게 받아들이면서 살면 그만이다.

'인간이 불행한 것은 자기가 행복한 사람이라는 것을 모르기 때문이다.' 라고 말한 도스토옙스키 말에 절대 공감한다. 동전의 양면 같은 행복과 불행, 사이를 두고 멀지 않은 곳에 자리잡고 있다가도 결정적일 때 튀어나와 어깨를 걸고 나란히 갈 수밖에 없는 동행자. 어느 걸 선택하느냐는 오롯이 자기 스스로 결정할 문제다. 선택의 자유는 어디까지나 개개인의 의지에 매어 있음이다. 누가 조언해 줄 일도, 결정해줄 것도 아닌 나만의 몫인 것이다.

세상의 사물이 모두가 제각각의 위치에서 제 모습 그대로의 가치를 높이며 존재하듯 하물며 우리들 사람들이랴. 처하고 있는 환경과 여건이 각각 다르고 지향하는 목표도 같지 않겠지만 사람들 모두는 각기 주어진 일을 통해 인간다운 삶을 도모하고 있잖은가. 끊임없는 사유를 통해 행복의 참의미를 깨달아 가는 것이다.

행여 뜻하지 않은 불행이란 복병과 마주쳐도 놀라지는 말자. 호들갑도 떨지 말자. 침착히 대처하자. 기선으로 제압하고 살살 달래고 얼러 쫓아내 버리자. 그리고 그 자리에 행복이란 이름의 아름다운 벗을 앉힐 일이다.

수은주가 30도를 오르내리는 한더위의 낮 시간, 통풍이 잘 되는 거실에서 뉴스에 귀를 기울이는 일도, 퍼슬퍼슬 잘 삶아진 감자를 한 입 가득 베어 무는 일도 행복인 것을. 자잘한 일상의 안온이 모여 큰 행복이 되는 것을.

(2010)

# 온몸이 꽃빛으로 물들어

한번은 꼭 그 섬에 가고 싶었다. 친구들 모임에서 그 섬에 가봤냐고 물었더니 유명한 그 섬엘 아직도 못 가봤냐며 웃었다. '아직도'란 그 말의 뉘앙스가 좀 마음에 걸리는 건 사실이었지만 어쩌랴. 가 보질 못한 걸.

이래, 저래 시간을 맞춰 만사 다 제쳐놓고 나선 길, 외도. 작은아들 가족과 함께 넷이서 4월 19일, 1박 2일 예정으로 떠난 여행 길. 기대로 잠을 설쳤다는 말과는 다르게 운전대를 잡은 아들의 얼굴이 환하다. 새벽 5시 40분에 출발, 가는 도중 휴게소에서의 아침식사와 잠깐의 휴식을 취한 후 달리고 달려서 거제시 도장포 도선장에 도착한 시각은

9시 20분.

우리보다 더 부지런한 사람들이 있을까 싶었는데 생각보다 많은 사람들이 먼저와 그곳으로 가기 위한 배를 기다리고 있었다. 출항 시각은 10시 20분. 잘됐다 싶었다. 세 시간 넘게 달려온 피로를 식힐 수 있는 여유가 있었으니까.

바다는 온통 눈부신 비취빛이었다. 하얀 포말을 일으키며 엔진 소리도 요란하게 출발한 유람선. 가까이 다가왔다가 멀리 달아나 버리는 크고 작은 섬, 또 섬들.

모양새에 따라 여러 가지 이름을 가지고 있는 바위 산. 절벽 위 하늘을 향해 가지를 뻗고 있는 갖가지 나무들, 그리고 바위산 밑으로 뚫린 동굴, 그 동굴을 향해 부딪치며 깨어지는 파도. 유람선 가득히 승선한 사람들 모두는 가이드의 설명에 귀 기울이며 시선은 바다를 향해 고정되고.

아름다웠다. 아름답다는 표현 이외 어떤 표현이 더 적절할 것인가. 바다에 있는 금강산, 그래서 해금강이라 이름 했던가. 해금강을 유람한 30여 분 후 또 10분을 더 달려 발을 디딘 우리의 목적지 외도. 배에서 내려 선착장 바로 앞 빨간 기와가 이어진 예쁜 아치 정문. 외도의 여행은 그곳에서 시작된 것.

한 교사의 20여 년의 오랜 세월, 각고의 고생과 노력으로 이루어진 섬 외도. 거제도 동쪽 해상 위치에 돛단배처럼 떠있는 섬 그곳엔 4만 4천여 평의 천연 동백림숲과 아열대 식물인 선인장, 코코아야자, 가자니아, 션사인, 유카리, 병솔, 용설란 등 300여 종의 수목이 심겨져 있어 우리 관광객들의 마음을 한껏 사로잡았다.

어느 것 하나 사람의 손길이 머물지 않은 곳이 없이 골고루 살피고 또 살펴 키워냈을 정성. 무리지어 피어 각각의 모양과 빛으로 현란한 자태를 맘껏 뽐내고 있는 꽃. 꽃들.

"정말 지상천국이 따로 없네요. 다녀 온 친구들이 '한국의 파라다이스' 라고 한 말이 지나친 게 아니었어요."

제 아들의 손을 잡고 한 발 앞서 걷던 둘째가 뒤돌아보며 나와 제처를 향해 감탄사를 연발한다.

아빠 손목을 잡고 이곳, 저곳을 살펴보던 손자의 빨갛게 상기된 볼,

"엄마, 엄마, 이 꽃 이름이 뭐예요?"

튤립 모양의 빨간 빛의 꽃을 가리키며 묻는다. 처음 본 꽃이다.

"그러게, 무슨 꽃이지? 튤립과는 조금 다른데."

자신 없는 듯 며느리는 고개를 갸우뚱하고 아들은 그런 모자母子를 '찰칵' '찰칵' 카메라에 담기 바쁘다.

조각공원. 아담과 이브의 선악과 등 모든 작품은 국내 유명 작가의 작품들로서 그 작품이 더 빛나 보이는 까닭은 그 장소가 해풍을 맘껏

들이마실 수 있는 곳으로 탁 트인 바다를 배경으로 하기 때문.

조각공원이 끝나는 오른쪽 해안가에 있는 작은 교회. 안을 들여다보니 조촐한 탁자 위에 한 권의 성경책이 놓여 있다. 관광객 누구라도 들어가서 감사 기도를 드리며 명상의 시간을 가질 수 있도록 배려한 곳. 한껏 고조된 마음이 차분히 가라앉는다. 그래서 선채로 기도를 드린다.

'감사합니다. 이렇게 좋은 날을 주셔서 이곳에 올 수 있게 해주시고 아름다운 풍광에 젖을 수 있게 해 주시니 정말 감사합니다. 또한 우리 가족 늘 건강 지켜 주신 것 감사합니다.'

발걸음을 옮겨 다다른 천국의 계단. 편백나무 사이의 경사진 밭에는 각종 과수나무와 꽃들이 울창하게 펼쳐져 낙원을 이룬 곳. 하늘이 아닌 땅의 천국. 아름다움의 극치다.

만족이다. 참 좋다. 산을 가득 메운 진한 꽃향기. 해금강의 절경, 푸르디푸른 바다. 그 절경을 온몸에 가득 껴안은 채 바다 냄새를 맡으며 음악을 듣는다. 프랑스 식 정원의 벤치에 앉아 조용히 흐르는 선율에 눈을 감는다.

찌든 일상사를 털어낸다. 시도 때도 없이 엄습하여 나를 괴롭히는 우울한 생각들을 말끔히 털어낸다. 말갛게 정화된 몸과 마음이 된다. 한 송이의 꽃이 된 듯, 한 그루의 나무가 된 듯, 해조음에 비상하는 한 마리의 갈매기가 된 듯 그렇게, 그렇게.

그리고 떠 올린다. 요즘 두 번째로 탐독하고 있는 유홍준의 '나의 문화유산답사기' 중 한 페이지를. 그는 정원庭苑과 원림園林의 차이를 이렇게 설명하고 있다.

'정원'이란 도심 속의 주택에서 인위적인 조경작업을 통하여 동산의 분위기를 연출한 것이고 '원림'이란 교외에서 동산과 숲의 자연 상태를 그대로 조경으로 삼으면서 적절한 위치에 집칸과 정자를 배치한 것이라고. 그렇다면 내가 가 본 '외도' 는 원림임에 틀림이 없다. 툭 터진 자연 속, 섬의 원형을 그대로 살리면서 인위적인 정성과 노력을 다한.

그 곳 외도에서의 한정된 시간인 1시간 30분의 관광을 마치고 거제도로 되돌아오는 유람선 안, 내 온 몸은 감사와 기쁨, 그리고 만족감으로 출렁이고 있었다. 곱디고운 꽃빛으로 물들인 채 출렁거리고 있었다.

(2008)

## 그대 친구라는 이름의

'저녁을 먹고 나면 허물없이 찾아가 차 한잔을 마시고 싶다고 말할 수 있는 친구가 있었으면 좋겠다. 입은 옷을 갈아입지 않고 김치 냄새가 좀 나더라도 흉보지 않을 친구가 우리 집 가까이에 있었으면 좋겠다.'

'비 오는 오후나 눈 내리는 밤에 고무신을 끌고 찾아가도 좋을 친구, 밤늦도록 공허한 마음도 마음 놓고 보일 수 있고, 악의 없이 남의 얘기를 주고받고 나서도 말이 날까 걱정하지 않을 친구가 있었으면 좋겠다.'

유안진 시인의 「지란지교를 꿈꾸며」의 일부다. 친구, 얼마나 따스

하고 아름다운 말인가. 아무런 꾸밈도 필요 없는 있는 그대로의 모습을 받아들일 수 있는 관계, 위험수위의 경계선을 넘어와도 나무람 대신 따스한 허용을 내어주는 관계, 상대방의 무례나 오만과 방자까지도 애교로 받아들이며 허허거릴 수 있는 관계,  외로울 때, 힘들 때 자식이나 형제 부모보다 먼저 찾아가 위로받고 싶어지는 이름이 친구 아니던가.

어디 그뿐이랴. 행여 다른 사람이 알세라 쉬쉬하던 가슴속 내밀한 곳, 그곳 전부를 내보이면서 조금의 염려도 없이 편안함을 느끼게 하는 좋은 사람이 친구가 아니던가. 그저 곁에만 있어도 마음 든든하고 아늑한 사람. 눈빛만으로도 상대방의 속내를 알아차리고 얼른 손 내밀어 교감할 수 있는 그런 사람.

나에게도 그런 친구가 있었다. 보는 것만으로 삶의 의미였던 그 사람. 자리를 함께하는 것만으로 가슴속의 파고는 높이를 잴 수 없을 만큼 세차게 일렁거렸다. 그 파고를 감당 못해 수시로 현기증을 동반했던 그 사람. 온몸 가득 퍼져 있는 많은 신경이 오롯이 한 사람만을 향해 있던 시절 나는 그를 친구라 불렀다. 차마 다른 이름으로 부르기엔 너무나 숫기가 없었고 용기 또한 없었던 시절이었다.

일거수일투족이 기쁨과 슬픔이 되었던 그 사람. 살고 있던 장소와 하는 일이 달라서 얼굴을 마주할 수 있는 시간이 많이 부족했지만 우리는 그것을 애달파하진 않았다. 시간과 장소를 초월한 마음속의 교류는 늘 서로에게 치닫고 있었으므로. 추스른 정감을 말갛게 꿰어 늘 서로에게 전할 수 있었으므로. 비가 오면 빗물로, 바람이 불면 바람결로, 꽃이 피면 꽃향기로 엮은 세월이 우릴 기다릴 것임으로.

그는 말을 아끼는 사람이었다. 과묵한 사람이었다. 그러나 그 과묵함 가운데 얼마나 많은 얘길 전해 주었던가. 입을 통한 말이 아닌 마음으로 전한 말이 좋아서 나 또한 재재거리기보담 가만히 그 앞에 마주 앉아 있는 것만으로 충분한 대화를 나누곤 했다.

해후의 기쁨, 두서너 시간의 짧은 그 시간, 차 한잔을 앞에 놓고 그저 바라만 보다가 헤어졌던 우리의 만남. 그래도 그 두어 시간 얼굴을 마주 보는 것만으로 충만했던 우리들. 그 짧은 시간의 만남을 위해 6개월을 기다려야 한다면 차라리 기다림의 시간에 더 큰 의미를 두자고 마음을 달랬던 참으로 말갛고 순수했던 그 시절.

그는 참으로 사려 깊은 사람이었다. 그리고 사물을 보는 직관력이 무서울 정도로 뛰어난 사람이기도 했다. 하고자 하는 일이 있으면 주저치 않고 실행에 옮기곤 했다. 동년배임에도 그와 함께하면 한없이 긴장되어 자신을 되돌아보게 했으니 말이다.

그가 권하는 책이 나에겐 필독도서가 되곤 했다. 내가 좋아하는 종류의 책이 아닌 좀 난해한 책이었지만 구입하여 읽기를 주저치 않았다. 그와 정신적 교감을 같이하기 위해선 게으름도 어리광도 부려선 안 된다고 생각했으니까. 또한 그가 그려 보내준 대학 캠퍼스의 스케치 풍경은 어찌 그리도 멋졌던가. 귀한 명화를 얻은 양 두고 두고 보며 소중히 간직했던 기억. 그가 번역해 보내준 『겨울 이야기』는 얼마나 감동적이었던가. 펜팔로 맺게 된 인연. 드디어 만나기로 약속을 했고, 그 약속을 소중히 여김으로 사랑의 결실을 맺게 된 주인공 남자인 대위와 귀여운 아가씨의 아름다운 사랑 이야기.

우리는 친구라는 이름으로 7년의 세월을 함께했다. 까까머리 고등학생과 흰 칼라의 사범생에서 유명 대학의 대학생과 햇병아리 여교사의 신분으로. 서울과 지방이라는 거리를 넘나들며. 그 친구는 말없는 가운데 나를 일깨워주는 내 젊은 시절의 스승이기도 했다. 세계명작 소설에만 탐닉할 뿐 세상 돌아가는 일에는 통 무관심했던 나를 깜짝깜짝 놀라게 한 그의 해박함은 늘 나를 감탄케 했다. 경제, 예술, 정치 등 다양한 그의 독서량은 나를 늘 경이롭게 했고 나를 되돌아보는 계기가 되곤 했다. 내 양식의 편협함을 반성하고 내 독서의 폭을 넓히려고 애쓰는 계기가 되었다.

친구란 모름지기 상대방의 모든 걸 수용하되 잘못된 점을 잘못으로 남겨두게 하지 말아야 한다는 것 또한 그에게서 배운 지혜였다. 그는 어느 날 내가 보낸 편지에 대한 답신 중 이런 말을 했다.

'네 편지는 너무나 잘 쓰려고 노력한 흔적이 곳곳에서 보인다. 미사여구나 어려운 수식어만이 상대를 감동시킨다고 생각한다면 그건 조금 잘못된 생각은 아닐까 싶다. 네 생활을, 네 감정을 솔직히, 진솔하게 표현했으면 좋겠다.'

친구의 그 답신을 받고 나는 얼마나 당황하고 부끄러웠는지 모른다. 그랬다. 난 그에게 늘 나 자신을 잘 보이고 싶은 욕구에 들떠 있었고, 그에 따라 말 한 마디, 편지 한 문구에 온통 신경을 곤두세우고 있을 때였으니까.

지금 생각하면 좀 더 편하게 내 마음을 열어 보여도 되었을 것을. 그는 조금도 꾸밈없이 나를 대하곤 했는데, 난 늘 그를 어렵게만 생각하고 조심하느라 전전긍긍했다. 그러나 난 그럴 수밖에 없었다. 난 그때 그를 친구로서, 아니 친구의 수위를 넘은 연인으로서의 감정을 숨긴 채 그를 향한 내 감정의 농도를 감추고 조절하기에 바빴으니까.

후회는 없다. 한 사람을 친구라는 이름으로 그토록 간절히 곁에 두고 싶어했던 내 젊은 날이 있었음에. 그 젊은 날의 추억을 반추할 수 있음에. 남루하고 상처투성이인 내 가슴에 오롯이 남아 자리잡고 있음에. 빛나는 모습으로, 젊고 발랄한 모습으로. 친구라는 이름의 그대.

(2009)

# 3부

소나무와 대나무는 혹독한 시련을 이겨내는 지조와 절개의 상징으로 묘사되고 있으며 눈 속에서 핀다고 하여 설중매라고도 부르는 매화는 고고한 군자의 모습과 닮았다고 하여 꽃 중의 꽃이라고 부르기도 합니다.

# 나의 세한삼우

세한삼우歲寒三友를 아시죠? 추운 겨울을 잘 이겨내는 소나무와 대나무, 그리고 매화를 일컫는 말입니다. 소나무와 대나무는 혹독한 시련을 이겨내는 지조와 절개의 상징으로 묘사되고 있으며 눈 속에서 핀다고 하여 설중매라고도 부르는 매화는 고고한 군자의 모습과 닮았다고 하여 꽃 중의 꽃이라고 부르기도 합니다.

우연히 어떤 화첩에서 김정희의 「세한도」를 접했습니다. 그림에 관해선 아는 게 별로 없지만 완당의 작품이라니 호기심이 생기더군요. 추사가 「세한도」를 그린 것은 1844년 갑진년, 그의 나이 58세였습니다. 정쟁에 휘말려 9년간의 세월을 제주도 유배지에 머물 무렵, 스승을 잊지 않고 있던 제자인 역관 이상적李尙迪이 스승인 완당을 생각하여 중국에서 귀한 책을 구해다 준 것에 대한 고마운 마음으로 그린 그림이 「세한도」입니다. 변함없는 의리를 보여준 제자 이상적을 날씨가 추워진 뒤 제일 늦게 낙엽 지는 소나무와 잣나무의 지조에 비해 그린 것으로 '한겨울 추운 날씨가 된 다음에야 소나무, 잣나무가 시들지 않음을 알 수 있다.'며 늘 한결같은 제자의 마음 씀씀이에 대한 감사의 마음을 표현하고 있습니다.

초옥과 백송 두 그루와 잣나무 두 그루밖에 없는 쓸쓸한 정경의 그림인 「세한도」. 스승과 제자 두 사람의 마음 경계만 존재하는 그림, 진정으로 사랑하는 사람과 함께 서면 그 황홀함에 세상은 사라지고 두 사람만 오롯이 남는 것일까요. 완당은 제자인 이상적을 생각하며 그와 이상적을 세상에 남은 유일한 두 사람이라 생각한 것일까요. 솟구치는 고마움과 그리움을 붓 끝에 담아 온 정성을 다해 그렸을 「세한도」.

스승인 완당으로부터 그 귀한 그림인 「세한도」를 받은 제자 이상적의 마음은 어땠을까요? 이상적은 「세한도」를 받아보고 이런 내용의 답장을 보냈답니다. '「세한도」 한 폭을 엎드려 읽으매 눈물이 저절로 흘러내리는 것을 주체지 못했습니다. 스승님, 제 분수에 넘치는 칭찬을 하셨으니 참으로 과당하신 말씀입니다.'

스승과 제자의 곡진한 모습에 코끝이 찡해집니다. 스승의 글과 그림을 엎드려 읽으며 스승의 쓸쓸함과 고뇌에 대해 어떻게 할 수 없어 눈물로 읽어내는 제자의 막역함에 숙연해집니다.

「세한도」 오른편 아래 구석에 한 문장이 찍혀 있습니다. 아마 제자 이상적이 찍어 놓은 것으로 추정되는 인문은 '장무상망長毋相忘' 입니다. 장무상망— '오랫동안 잊지 말기를!'— 얼마나 가슴 벅찬 글귀입니까? 각박한 세상에서 오랫동안 잊지 말자고 손가락이라도 걸며 말할 수 있는 지우가 있다면 얼마나 행복할까요.

지난겨울은 혹한과 많은 적설량이 우릴 얼어붙게 했습니다. 지구의 온난화 현상으로 지각 변동이 생기기 전 겨울은 아무리 추운 날씨도 견딜 수 있었습니다. 사흘은 몹시 추웠다가도 나흘은 다시 평상기온을 찾는 삼한사온이 반복되었기 때문입니다. 그러나 지난겨울은 삼한사온이 자취를 감춘 채 강추위만이 계속되는 이상기온을 보였습니다. 그에 따라 춘천을 비롯한 영서지방과 동해한 지방의 피해는 생각보다 컸습니다. 적설량이 1미터를 넘는 곳이 많았습니다.

그에 따라 여러 가지 어려움이 뒤따랐습니다. 교통은 마비되어 시민들의 발을 묶었고 산간지방에선 이웃 간의 왕래가 끊기기도 했습니다. 또한 애써 만들어 가꾼 비닐하우스가 붕괴되어 농민들의 가슴을 아프게 했습니다. 그렇다면 왜 이런 기현상이 생긴 것일까요? 기상청이 분석한 이유는 다음과 같습니다. '엘니뇨 모도키의 영향으로 발달

한 필리핀 부근의 해양성 고기압을 따라 한반도 남쪽으로 온난 다습한 기류가 활발하게 유입되고 찬 대륙 고기압이 우리나라 북쪽에 위치, 한기와 난기가 만나면서 강원 산지와 동해안 지방에 많은 눈이 뿌렸기 때문' 이라고.

나 또한 춥게 보낸 겨울이었습니다. 보일러를 모두 가동시키지 못한 채 적정의 실내온도만을 염두에 두고 지낸 탓도 있었지만 체감으로 느끼는 한기보다 마음이 먼저 추위를 탔습니다. 지구촌 곳곳에서 일어나고 있는 내란 소식과 천재지변, 특히 3월 11일 오후 2시 46분에 발생한 일본의 지진은 몹시도 큰 충격을 안겨 주었습니다. 시시각각으로 보도되는 뉴스는 그들이 처한 참혹상을 가감 없이 알려왔습니다. 수많은 사상자와 쓰나미가 휩쓸고 간 쓰레기장으로 변한 삶의 터전들, 설상가상으로 원전의 공포마저 휩쓸고 있어 전전긍긍하는 그들이 가엾어서 가슴이 저리고 아팠습니다. 그러나 아픔은 아픔으로 접을 수밖에 없었습니다. 내가 할 수 있는 일이란 그들 돕기 운동에 동참하기 위해 생활비를 덜어내는 일과 기도하는 일이 전부였습니다. 그들이 절망의 늪에서 빠져나오도록 도와주시라고. 복구할 수 있는 힘을 실어주시라고.

그러다가 언뜻 생각해 보았습니다. 나의 세한삼우는 과연 무엇일까 하고요. 일본의 대참사에 온 세계가 합심하여 그들 돕기에 앞장 선

일이 일본 국민들에게는 세한삼우의 제 1덕목이 되고 있듯, 내게 있어 어떤 역경에 처할지라도 그 역경에 굴하지 않고 오뚝이처럼 곧장 일어나 살아가게 할 버팀목은 무엇일까 하고요.

진부한 얘기가 될지 모르겠지만 누가 뭐래도 부모에겐 자식이야말로 세상을 살아갈 가장 큰 명분이며 또 힘이겠지요. 그 자식이 성장하여 가정을 이루고 독립해 나가도 부모의 촉수는 항상 제 자식을 향하여 열려 있는 걸요. 부모 마음과는 달리 자식들은 제 가정, 제 가족을 건사하느라 바쁘고 고단해서 우선순위의 상위에 부모를 두지 못한다 해도 말입니다.

자식 다음엔 무엇이 나의 세한삼우일까요. 신앙생활을 들지 않을 수 없군요. 기쁠 때나 슬플 때나 항상 나를 지탱하게 해 준 힘ㅡ항상 기뻐하라, 쉬지 말고 기도하라, 범사에 감사하라ㅡ 성경 말씀은 나를 곧추세운 귀한 가르침이었습니다. 없는 것에 상심하기보담 가진 것에 만족하리라 마음을 다독이며 살고 있습니다. 작은 일에 크게 기뻐하며 살려고 애쓰고 있습니다. 다른 사람들을 위한 기도를 끊이지 않으려고 노력하고 있습니다.

그리고 마지막 나를 지탱하게 해준 것은 자식들의 도움을 받지 않고도 살 수 있는 경제적 안정이라고 말씀드리고 싶습니다. 공직생활 44년을 무사히 마친 결과와 그 대가로 품위유지에 지장 없이 살 수 있음에 감사하고 있습니다.

끝으로 간절히 바라는 게 있다면 「세한도」에 나타난 그림, 두 그루의 소나무와 잣나무같이 청정한 모습으로 오래오래 함께할 수 있는 좋은 사람이 내게도 있었으면 하는 바람입니다. 하여 혼자 있어도 함께 있는 것처럼 충만하며 함께 있어도 혼자 있는 것 같은 공기처럼 담백한 사람, 사운대는 밤바람 같은 고요한 이가 내 곁에 있다면 얼마나 좋을까요. 다 늦은 욕심일까요? 헛바람일까요?

(2011)

# 가을, 추억 속의 그 운동회

누군가 이렇게 표현했다. 금방이라도 파란 물감이 뚝뚝 떨어질 것 같은 게 가을 하늘이라고. 햇빛이 유난히 밝은 오후, 무료함을 달래려 베란다 창문을 통해 무심히 올려다본 하늘, 그곳엔 가을이 성큼 다가와 있었다. 구름 한 점 없이 드넓게 펼쳐진 연청색의 하늘을 마주하니 며칠 동안 까닭 없이 불안하고 답답했던 가슴이 날아갈 듯 밝아진다. 뭐라 꼬집어 말할 수 없는 내밀한 기쁨이 요동친다. 설레는 마음은 그곳, 그때를 향해 치닫는다.

10월 초, 몸담고 있었던 읍내 학교의 운동회 날. 맑고 푸른 하늘 아래 만국기가 바람결에 펄럭펄럭 소리를 내며 흔들렸고 이른 아침

운동장 구석, 구석에 자리잡은 많은 장사꾼들은 상기된 목소리로 아이들을 불러모으고 있었다.

질감이 느껴지지 않아 혀에 닿는 듯 마는 듯 스르르 녹아드는 달콤한 솜사탕과 입에 넣으면 볼이 툭 불거지는 왕 사탕, 그리고 갖가지 군것질거리가 아이들의 용돈을 향해 헤픈 웃음을 흘리고 있었다. 어디 그뿐인가. 수레 위 양철 그릇에 아이스크림을 듬뿍 담아 와 아이들을 기다리던 뽀글뽀글 파마머리의 중년 아줌마. 바삭하게 구워낸 고깔 모양의 과자에 내민 돈만큼의 아이스크림을 퍼 주면 그걸 받아든 아이들의 얼굴은 금방 환해지고.

실에 매단 오색 풍선을 두 손 가득 쥔 주름살투성이의 노인은 등교하는 아이들 사이로 이리저리 걸어 다녔다. 장난감인 줄 뻔히 알면서도 깜짝 속아 놀란 가슴을 쓸어내리게 하는 징그러운 고무 뱀이 장수의 손에서 요동을 쳤고, 햇빛이 닿을 때마다 번쩍번쩍 빛나 눈을 시리게 하는 금빛, 은빛의 나팔과 온갖 장난감들이 좌판 위에서 아이들을 유혹했다.

운동회가 시작되려면 한 시간여는 남았는데도 새벽부터 일어나 준비한 먹거릴 두 손 가득 싸가지고 온 가족이 출동했지. 본부석과 그 옆 내빈을 위해 쳐 놓은 천막 안엔 차마 들어갈 용기는 내지 못하고 한참을 이리저리 살피다가 드디어 자리잡은 곳. 나무그늘이 있어 햇빛도 피할 수 있고 비교적 지대가 높아 경기를 관람하기에 안성맞춤인 곳. 준비해 온 자리를 깔고 펑퍼짐하게 둘러앉은 온 가족. 그리고 오늘의 주인공인 자식들에게 "엄마 아빠 이곳에 있으니께 목마르면 냉큼 달려와서 물도 먹고 간식도 먹고 가라잉."하며 운동복 바지 주머니에 천 원짜리 지폐 한 장씩을 넣어 주는 여유도 보였지.

여름 내내 논과 밭에서 땀 흘려 일하느라 까맣게 그을린 부부의 얼굴. 모처럼 정성들여 발라본 화장품이 잘 먹지 않아 얼룩이 진 아내를 바라보며 순간 가슴이 짠해지는 남편. 그러나 그 마음은 잠깐, 얼굴 가득 웃음을 달고 수다를 떠는 아내의 말에 맞장구쳐주며 껄껄 너털웃음을 터뜨리는 그. 그저 기쁜 것이다. 새끼들의 운동회 날은 바로 그들, 온 가족을 위한 축제의 날이기도 했으므로.

벙글벙글, 껄껄껄 한껏 고조되어 가는 아들과 며느리 옆에 자리잡고 앉은 노모 또한 마음이 떠 있기는 마찬가지. 어서 운동회가 시작되어 춤추고 달리는 손자 손녀들의 모습이 보고 싶어 시선은 자꾸 운동장을 향했다. 온 얼굴에 검버섯이 피고 주름살이 밭고랑을 이루도록 많은 연륜을 살아왔어도 그 연륜을 구태여 셈하고 싶진 않을 터. 온 가족이 함께한 그 자리가 좋아서 짓물러가던 그 눈빛조차 맑아지고 아련해진 듯하다. 한껏 신경을 써 차려 입은 물빛 고운 한복처럼 마음은 하늘 높이 두둥실 떠 있다. 얼굴마저 발그레 상기되어 갓 시집온 새색시를 닮았다.

시간이 되어 운동장에 모인 전교생들. 남학생 여학생 모두 학교 이름이 찍힌 하얀 면 셔츠에 검정색 반바지를 입고 흰 모자와 청색 모자를 썼다. 정렬을 마친 후 교감 선생님의 개회사에 이어 교장 선생님의 말씀이 있었지. 그리고 이어진 전교어린이회장의 선서 낭독. 오른손을 어깨 높이로 올린 후 씩씩하게 외쳤던 그 말. '우리는 정해진 규칙을 준수하여 정정당당하게 싸울 것을 선서합니다.' 선서가 끝나면 운동장 가득 울려 퍼지는 음악 속 구령에 맞춘 준비운동. '하나 둘 셋 넷 다섯 여섯 일곱 여덟' '둘둘 셋 넷 다섯 여섯 일곱 여덟'

프로그램에 의해 경기가 시작되면 우리들 교사들은 바빠지기 시작했다. 부서별로 맡은 자리에서 민완하게 움직였고 틈틈이 학생 석으로 돌아와 자리를 이탈하지 않도록 자기 반 학생들을 단속해야 했으니까.

드디어 우리 학년 차례가 되었다. 행진곡에 맞춰 입장한 아이들은 두 편으로 나눠 서서 교사의 신호를 기다리며 눈을 빛냈다. 드디어 학년주임인 남선생이 호루라기를 불면서 한 일자 모양으로 펴 들었던 두 손의 청, 백기를 운동장 가운데를 향해 모으면 그걸 신호로 '와'하는 소리를 내며 목표물을 향해 힘껏 달려가던 우리 꼬마들. 1학년, 콩주머니로 바구니 터뜨리기 게임이다. 경기의 제목은 한참을 숙의해 정한 '푸른 하늘 은하수.'

우리 편엔 키 큰 6학년 남학생 둘이서 청색 페인트를 칠한 대바구니를 들고 서 있다. 긴 장대에 높이 매달린 바구니다. 그걸 향해 아이들은 콩주머니를 열심히 던지지만 대바구니는 좀처럼 터질 줄 몰랐다. 헛맞고 땅에 떨어진 콩주머니를 다시 주워 던지고 또 던지고.

한참 동안 애를 태우더니 드디어 우리 청군 바구니가 먼저 터졌다. 조그맣게 잘라 넣은 금종이 은종이와 가지각색의 색종이가 너울너울 춤추듯 떨어지고 두루마리 족자 모양의 하얀 양면괘지가 스르르 낙하하면 경기는 최절정에 이르렀다. 세로의 긴 종이에 쓰인 문구. '어린이는 나라의 꿈, 무럭무럭 자라자'.

학년주임 선생이 운동장 가운데에 자리한 지휘대 위에서 청군 깃발을 높이 올리면 그 깃발에 맞춰 청군들은 두 손 번쩍 위로 올리며 '만세, 만세' 소리를 크게 외쳤고 백군들은 '짝짝짝' 박수를 쳐주었다. 승리의 기쁨에 싱글벙글하며 보무도 당당히 퇴장할 때 '둥, 둥, 둥' 큰 북소리와 함께 터졌던 학생 석의 우렁찬 목소리들. "이겼다, 이겼다, 우리 청군 이겼다."

프로그램에 의해 일사분란하게 진행되었던 갖가지 경기들. 교실에서 사용하는 교단 네 개를 가운데를 향해 맞붙여 경사지게 세워 놓고 그곳을 넘어가야 하는 5학년 남학생들의 '태산을 넘고 넘어'와 엉덩이로 풍선 터뜨리기, 또 준비된 반찬을 한 가지씩 가져가 상을 차린 후 부모로 분장한 자기 편 급우에게 큰절하며 '부모님, 고맙습니다.' 라고 말하던 6학년 여학생들의 예절 경기.

이어서 펼쳐진 조립식 체조. 지도교사의 호루라기에 맞춰 두 사람, 세 사람, 또는 여러 사람이 한 팀이 되어 아름다운 모양을 만들어낼 때마다 아낌없는 박수를 보내곤 했다. 여덟 명이 부채꼴 모양을 만들었을 때의 아름다움과 탑을 쌓을 때의 긴장된 순간들. 8층탑 맨 꼭대기에 올라간 작은 체구의 학생이 앉은 자세에서 조심스럽게 일어나 두 손을 번쩍 위로 치켜들었을 때의 가슴 졸임.

나는 학년 경기 두 종목을 끝낸 뒤에도 가슴의 두근거림을 멈출 수 없었다. 왜냐면 내가 지도한 무용, 매스게임이 아직 남아 있었기 때문이다. 씩씩하고 재치 있는 학급 경기도 경기려니와 아무래도 운동회의 꽃은 단체 무용이 아닐까 싶다. 준비한 무용복을 착용하고 아름답게 펼치는 춤사위야말로 많은 감동과 함께 갈채를 받아내기에 충분했으니까.

4, 5, 6학년 많은 수의 여학생을 동원해야 하는, 여러 종목의 무용 중에서도 가장 기대하고 있는 핵심적인 무용이 매스게임이 아니던가. 매스게임은 한 사람이 움직이듯 통일된 동작의 표현과 함께 나타내고자 하는 표상, 즉 핵심을 잘 나타내야 하는 무용임에 그 책임이 자연 무거울 수밖에.

직원회를 통해 매스게임을 맡게 된 그날부터 걱정은 시작됐다. 가장 큰 과제는 안무다. 지금 같으면 동영상 등 여러 가지 자료를 이용할 수 있겠지만 30여 년 전만 해도 보고, 듣고, 생각하며 그동안의 경험을 총동원하는 게 전부였다. 퇴근 후 귀가해서도 작업은 계속됐다. 먼저 곡을 정해야 했고 학생 수에 따른 배치와 대형 변화의 틀을 잡아야 했다. 그런 후 호간 수에 맞추어 동작 하나하나를 고안하며 완성된 그 동작을 꼼꼼히 노트에 적어갔다. 어느 것은 도해로, 그림으로 나타내기 어려운 동작은 자세한 설명을 곁들이면서. 그런 후엔 그 동작을 외울 때까지 연습에 연습을 반복했다. 계획대로 작품을 만들어 내려면 철저한 준비와 지도력, 그리고 무엇보다 할 수 있다는 자신감이 필요했다.

반복 연습과 진도 나가기를 한 달 넘게 계속한 후 완성된 그날의 매스게임은 꽃봉오리가 터지는 것으로 클라이맥스를 장식했다. 두 발을 가지런히 앞으로 모아 뻗고 앉아 가슴과 두 손을 발 깊숙이 대어 고개 숙인 5중 원의 우리 학생들, 그들이 가운데 원부터 차례차례 시간차를 두며 일어나 각기 다른 색깔의 손수건을 흔드는 것으로 대미를 장식했다. 꽃을 연출하며 어느새 꽃잎이 된 소녀들, 그들 모두는 두 손 들고 가슴 젖혀 하늘을 올려다보았다. 마음 가득 꿈을 심었고 희망을 수놓았다. 그날 펼쳤던 우리의 매스게임 제목은 「아름답게 피어나라, 대한 소녀여」였다.

성공이었다. 마지막 장면을 연출할 때 객석에서 터져나왔던 힘찬 박수 소리에 얼마나 기뻤던가. 또한 총평 시간엔 많은 칭찬도 받았다. 그러나 동료 교사들의 찬사보다 최선을 다했다는 만족감이 나를 더욱 더 행복하게 했다.

교직을 떠난 지도 5년 7개월이란 세월이 흘렀다. 흐르는 시간에 편승해 44년간의 긴 학교생활도 차츰 기억에서 멀어져간다. 그러나 그때 그 운동회의 추억마저 어찌 잊을 수 있겠는가. 열정을 다해 지도했던 내 모습이 오버랩된다. 그때, 그 시절로 되돌아가 아이들과 한타령이 되고 싶다. 꽃잎 되고, 낙엽 되어 춤추고 싶다. 하늘하늘, 스르륵스르륵, 꿈결 따라, 바람 따라 낙하하는.

(2011)

# 두 가지 얘기

## I

이른 아침 출근 길. 도로 양쪽에 주차된 차량으로 길은 많이 좁아져 있었다. 인도도 없는 복잡한 길을 벗어나려 속력을 내다가 뒤돌아보니 택시 한 대가 속력을 줄이며 내 뒤를 따라오고 있었다. 언제나 그랬듯이 그날도 나는 차를 먼저 보내려고 한쪽으로 비켜섰다. 그리고 차가 지나가길 기다렸다. 으레 그랬듯이 그 차도 '휑' 하니 바람을 일으키며 지나가길. 그러나 그런 내 의중과는 달리 그날의 그 기사 아저씨는 손사래에 덧붙여 미소를 보내오는 게 아닌가. 마치 연인에게나 보냄직한 아름다운 미소를. 보행자인 나에게 양보하겠으니 어서 갈 길을 가라는 뜻을 담은.

그날 나는 하루 내내 행복할 수 있었다. 그 기사 아저씨의 아름다운 미소에 감염된 듯 온종일 웃으며 지낼 수 있었다. 나는 그가 누구인지, 또 그는 내가 누구인지 전혀 모르는 보행자와 운전자의 낯선 관계일 뿐이다. 그날 나는 새삼 느낄 수 있었다. 낯선 사람에게 베푸는 작은 친절이 상대에게 얼마나 큰 기쁨과 위로를 주는가를.

대부분의 영업용 택시 기사들은 많은 스트레스를 받으며 생활하고 있다는 얘길 들었다. 일정액의 사납금이 있기 때문에 그 돈을 벌기 위해서 시간을 다투어야 하기 때문이란다. 그래서 탑승자의 양해도 구하지 않은 채 합승시키는 일이 다반사고 같은 방향이어서 함께 탄 일행 중 도중에서 내려야 할 경우에도 일단 내리고 다시 꺾어 가는 경우가 많다. 기사의 눈치가 보이기 때문이다. 그러나 모두가 그렇다는 것은 아니다. 어렵게 입을 연 사람이 무색하지 않게 웃으며 도중에 내려 주는 기사도 있으니까. 그리고 먼저 이런저런 세상 이야기를 꺼내며 탑승자의 마음을 편하게 하는 사람도 많다.

나는 길눈이 어두운 편이다. 그래서 친구들의 모임에서 모임장소를 처음 가보는 곳으로 정했을 땐 걱정이 앞서곤 한다. 보나마나 그 장소를 찾기에 애를 먹을 게 뻔하기 때문이다. 그럴 땐 장소의 멀고 가까움을 막론하고 택시를 이용한다. 모임장소를 정확히 알고 내려주는 그들, 고마운 마음을 표하려 차에서 내릴 땐 고맙다는 인사를 빼놓지 않는다.

그리고 감사한 마음에 실어 그들의 무사고를 빌어본다.

II

테니스 채를 어깨에 멘 60대 초반으로 보이는 남자였다. 어느 날은 걸어오는 그와, 또 어느 날은 자전거를 탄 그와 마주치곤 한다. 처음엔 무슨 말인지 잘 알아들을 수가 없었다. 그러나 분명한 것은 나를 보고 무슨 말인지 한다는 것이다. 며칠째 그렇게 그 사람과 마주치고 또 스쳐갔다.

어느 날 아침 이른 출근 길. 그날도 그는 테니스 채를 들고 걸어오고 있었다. 저만큼에서 걸어오는 그를 보며 오늘은 무슨 얘기를 하는지 잘 들으리라 생각했다. 그와의 거리가 좁혀지자 그는 나를 보더니 이렇게 말하는 걸 똑똑히 들었다. 고개까지 숙여 인사하면서.

"안녕하세요? 좋은 하루 되세요."

그래, 그는 분명히 말했다. 좋은 하루 되라고. 낯선 나에게. 그의 인사를 받으며 나 또한 얼떨결에 이렇게 대답했다. "감사합니다. 아저씨도 좋은 하루 되세요."

무표정한 사람이 많다. 이웃에서 어깨를 걸고 사는 사람이라면 적어도 인사라도 나누며 사는 게 정상일 텐데 그렇지 못한 예를 많이 경험한다. 어쩌다 눈이라도 마주칠 땐 인사는커녕 고개를 돌리는 이웃을 본다. 그럴 땐 참 난감한 생각이 든다. 그렇다고 나이 많은 내가 젊디젊은 그들에게 먼저 인사하기도 쑥스럽고 무엇보다 그런 나를 어떻게 생각할까 걱정이 되어 나 또한 되도록 그들과 마주치지 않으려고 애쓰고 있다. 그러나 내 동년배나 나보다 나이가 많다고 생각되는 이웃에겐 나는 정성을 담아 인사를 하곤 한다. 그러다 보니 친해진 이웃도 생겨 자잘한 일상사를 나누는 사이가 되었다. 물론 직장 대문에 그런 시간을 많이 가질 순 없지만.

살면서 많은 사람들을 만난다. 길을 가다가도, 공공장소에서도. 그리고 직장과 일정한 목적을 가진 여러 형태의 모임에서도. 그런데 그곳에서 만나는 사람들의 표정을 살펴보면 참으로 다양하다. 어떤 이는 보는 이가 기분이 좋을 만큼의 활짝 웃는 얼굴을 하고 있기도 하고, 또 어떤 이는 적개심을 품은 듯한 굳은 표정으로 힐끔거리기도 한다. 또 어떤 사람은 세상 끈 모두 놓아 버린 듯 무심한 표정을 짓고 있기도 하다. 남의 표정에 관심 가질 게 뭐냐며 신경 끊으라고 한다면 할 말이 없다. 그러나 어쩌랴. 눈이 있으니 자연히 남의 얼굴을 바라보기 마련이고 보이는 얼굴의 표정에 따라 내 기분도 달라지는 것을.

남에게 작은 행복을 나눠주기 위해서라도 우린 표정관리를 할 필요가 있다. 남이 내 밝은 얼굴을 보며 덩달아 기분이 좋아진다면 이 아니 좋은 일인가. 나아가 감정 조절법도 배워야 한다. 생활하면서 느끼는 '희, 노, 애, 락'을 즉각, 즉각 표정에 나타내는 기민성보다 마음으로 몇 번이고 새기고 새겨서 나쁜 표정일랑 그 폭을 줄일 줄도 알아야 한다.

'웃는 얼굴에 복이 온다.', '웃는 얼굴에 침 뱉으랴.' 라는 속담도 있지 않은가. 타인에게 따뜻한 양보의 미소와 좋은 하루가 되라는 인사말을 전할 줄 아는 두 분의 남자야말로 세상의 누구보다 많이 소유한 행복한 사람이 아닐까. 가진 게 물질이 아니어서 남 보기에는 그저 그렇게 사는 소시민에 불과할지라도 마음만은 황제 못지않은 부자일 테니까.

(2004)

# 지금은 어떤 모습으로 어떻게

3월, 신학기가 시작되면 우리 교사들은 항상 긴장되기 마련이다. 새로 맡은 아이들의 담임으로서 각오도 다져야 하고 학교 계획에 따른 여러 가지 일들이 우릴 기다리고 있기 때문이다. 그래서 요즘은 시간을 쪼개 써야 할 만큼 바쁘게 보내고 있다.

내 반 아이들의 이름을 외우는 일부터 시작하여 그들의 학력 실태를 파악한 지난주일 어느 날 오후, 이름과 얼굴을 매치시키며 가정환경 조사서를 넘기고 있었다. 그러다 알게 된 사실. 엄마의 이름이 적혀 있을 곳이 공란으로 비어 있는 두 아이, 남학생 둘이서 편부 슬하에서 자라고 있음을 알게 되었다. 엄마 사랑이 몹시도 필요할 어린 나이의 내 반 아이가…… 가슴이 '싸아' 하니 저려왔다.

그러다가 내 기억은 8년 전으로 뒷걸음치기 시작했다. 군산 금광초등학교에 근무했을 때의 어느 가을 날 오후 늦은 시각, 퇴근 시간이 다 되어 책상을 정리하고 있는데 저벅저벅 발자국 소리가 들렸다. 그리고 곧이어 그 소리가 멈추는가 싶더니 노크 소리가 났다.

"누구세요?"

내 물음이 미처 끝나기도 전에 문이 열리더니 낯선 남자가 고개를 쑥 내밀었다. 그리고 한참이나 머뭇거리다가 들어서면서 하는 말.

"여기가 대풍이네 반이죠? 대풍이 선생님이신가요?"

자리에서 일어선 나는 그 남자 뒤에 엉거주춤 따라와 선 대풍이를 바라보았다. 금방이라도 울음을 터뜨릴 것 같은 그 애 얼굴. 의자를 빼어 주며 자리에 앉기를 권하자 그는 털썩 소리 내며 앉더니 고개를 푹 숙이는 것이었다. 그리고는 한참이나 침묵을 지켰다. 나는 그의 모습을 바라보며 그가 무슨 일로 방문했는지를 생각했다. 그러나 감이 잡히지 않았다. 덥수룩한 수염과 허술하게 차려 입은 옷, 더부룩하게 자란 머리에 얹어 쓴 검정 운동모. 그리고 얼마나 마셨는지 목덜미에서 얼굴까지 온통 붉은 취한 모습.

"선생님도 짐작하셨으리라 믿지만 제가 바로 대풍이 아비 되는 사람이올시다. 지금은 같이 살고 있지는 않지만……."

나는 대풍이네 가정 사정을 대충 알고 있었다. 부모가 이혼하지 않은 상태에서 별거 생활을 하고 있으며 대풍이는 외할머니와 어머니, 그리고 중학교에 다니는 누나랑 함께 살고 있음을. 그는 끊겼던 말을 다시 이었다.

"선생님, 이렇게 불쑥 찾아와서 죄송합니다. 이 애 엄마가 자꾸 이혼을 하자며 함께는 못살겠다고 앙탈을 부리는 바람에 별 수 없이 떨어져 살고는 있지만 저는 절대로 이혼하지 않을 겁니다. 돈 좀 못 번다고, 술 좀 좋아한다고 그게 이혼 사유가 됩니까? 그런데 요즘 들어 이놈이 자꾸 눈에 밟혀서 견딜 수가 없더라고요. 그래서 헛걸음치는 셈치고 학교에 왔더니 글쎄 이놈이 운동장에서 놀고 있잖아요. 그래서 온 김에 선생님 얼굴이나 뵙고 가려고 이렇게 실례를 했습니다."

금방이라도 울 것 같은 표정으로 말을 마친 그는 또 고개를 숙이곤 한숨을 내쉬는 것이었다. 나는 그 상황을 어떻게 대처해야 할지 몹시 난감했다. 무슨 말을 그에게 할 수 있단 말인가. 아들이 보고 싶어 찾아온 그에게 그의 가정사에 대해 알고 있었다는 말도, 그렇다고 전혀 모르고 있었노라는 거짓말도 할 수가 없었다.

그때 제 아버지와 나를 번갈아 바라보면서 어쩔 줄 몰라하던 아이가 입을 열었다.

"저, 아버지, 이제 가 봐야 해요. 할머니가 기다려요. 늦으면 혼나요."

"알았어, 임마. 너 지금 살고 있는 아파트가 어디지? 선생님 죄송하지만 종이와 펜 좀 빌려주세요."
하며 나를 바라보던 그의 붉은 눈자위에 어린 물기. 내가 건네준 종이와 펜으로 아들이 살고 있는 곳을 적어 내려가는 그의 춤추는 듯한 필체. 소룡동 현대아파트 나동 309호.

종이를 두 번 접어 윗저고리의 주머니에 넣은 그는 아들의 손을 잡고 교실 밖으로 나서며 이렇게 말했다.

"선생님, 제가 오늘 이놈을 데리고 가서 저녁을 사 먹이고 보낼랍니다. 부탁드립니다. 이놈이 공부 안 하고 헛짓하면 사정없이 혼내 주십시오."

나는 그들 부자가 내 시야에서 사라질 때까지 한참이나 그 자리에서 있었다. 슬픈 아버지의 구부정한 등 뒤로 어둠이 스멀스멀 내려오고 있었다. 지금 대풍이는 어떤 모습으로 어떻게 지내고 있을까. 키도 마음도 훌쩍 커 버린 열일곱 살의 고등학생이 되어 있을 텐데.

(2006)

# 별을 보다

아파트 창문의 불빛이 하나둘씩 꺼져가는 늦은 밤, 꽃샘추위가 몰고 온 한기에 잠깐 망설였지만 용길 내어 놀이터 주위를 40여분 걸었을까요. 정리운동을 하던 중 무심코 올려다본 하늘, 그곳 하늘엔 별이 빛나고 있었습니다. 아파트 꼭대기에 달락 말락 매달린 듯 수줍게 반짝이던 별, 별들이.

프랑스의 소설가요 극작가인 알퐁스 도데의 작품인 「별」을 읽어보셨나요? 중학생 시절 그 작품은 사춘기인 내 가슴을 얼마나 설레게 했던가요. 순수하고 때 묻지 않은 한 목동의 청순한 사랑이 참으로 아름다워서 눈물을 그렁거렸던 기억, 그 기억이 떠오름은 그날 밤 가

습운동을 하면서 바라본 밤하늘의 별들이 어느새 내 가슴에 들어와 녹아 내렸기 때문입니다.

주인집 아가씨를 좋아하면서도 신분의 차이 때문에 가슴만 태우던 목동. 깊은 산속에서 홀로 양을 치는 목동에게 어느 날 뜻밖의 손님이 찾아옵니다. 목동에게 줄 먹을거리를 가지고 주인집 아가씨 스테파네트가 나타난 것입니다. 아가씨의 출현에 당황한 목동은 감히 주인집 아가씨를 마주 볼 용기조차 내지 못하고 어쩔 줄 모르는데 그를 본 스테파네트는 장난기를 발동해 그의 마음을 진정케 해줍니다. 날은 저물고 집으로 돌아가기엔 너무 늦은 시각이었기 때문에 목동과 아가씨는 어쩔 수 없이 함께 시간을 보내게 되지요.

온 세상의 만물이 모두 잠들어 있는 깊은 밤, 목동과 아가씨는 밤하늘을 우러러보며 별에 대한 많은 이야기를 나눕니다. 그러다가 별과 함께 잠든 스테파네트 아가씨. 목동은 아가씨의 고단한 머리를 쉴 수 있도록 자기 어깨를 내어준 채 날이 밝을 때까지 꼼짝도 하지 않고 그렇게 앉아 있었습니다. 움직이면 행여 아가씨가 잠에서 깨어날 것을 염려해서 돌처럼 그렇게 말입니다.

나는 생각했습니다. 스테파네트 아가씨처럼 한 남자로부터 그런 지고지순한 사랑을 받을 수 있다면 얼마나 행복할까 하고 말입니다. 아무런 조건도, 계산도 필요 없는 정말 사랑만을 위한 사랑을 할 수 있다면 얼마나 좋을까 하고 말입니다. 그리고 꿈꿨습니다. 그런 사랑이 가능하리라 믿었습니다. 그러나 꿈과 현실의 괴리를 깨닫기엔 그리 많은 시간이 필요치 않았습니다. 무지갯빛 사랑을 꿈꾸며 사랑의 영원성을 믿고 싶어한 나에게 현실은 냉엄하기 짝이 없었으니까요. 꽃피고 잎 진 많은 계절이 내게 요구한 건 인고의 세월, 그것일 뿐이었습니다. 삶의 각박함과 그림자처럼 스며든 피폐함.

정말 웃음이 많았습니다. 사소한 일상의 얘기들을 나누다가도 웃음을 참을 수가 없어서 깔깔대며 웃고 또 웃었던 시절이 내게도 있었습니다. 그런데 내게서 웃음이 썰물처럼 사라져버린 것은 한바탕 악몽을 꾼 후였습니다. 분명히 그건 악몽이었습니다. 아무런 예고도 하지 않은 채 밀어닥친 최악의 악몽이었습니다. 내 평온했던 일상을 한순간에 뒤엎어버린 그 악몽과 그 뒤에 찾아온 상실감은 내게서 웃음과 더불어 마음의 여유조차 앗아가버리고 만 것입니다.

살아내야 한다는 의무감 속에 차츰 마모되어 간 정감들, 어느 사이 내가 꿈꿨던 아름다운 것들이, 낯선 것들이 되어 내 마음 밖으로 내몰려야 했습니다. 내몰림당한 채 차디차게 식어갔습니다.

그러나, 그러나 말입니다. 나는 감히 이렇게 말하고 싶습니다. '그래도 나는 행복한 사람이야.' 하고 말입니다. 비록 그 사람은 가고 없지만 한 남자의 아내로 고임받았던 그 예뻤던 시절의 추억만은 퇴색되지 않은 채 고스란히 내 마음속에 남아있기 때문입니다. 싱싱하고 빛나는 모습으로 말입니다.

다만 아쉬운 것은 함께했던 그 시절 더 많이 사랑하지 못했다는 사실입니다. 12년이란 세월은 결코 짧은 시간이 아니었는데 왜 그땐 몰랐을까요. 그 시간들을 순간, 순간 아껴가며 최선을 다해가며 살아야 한다는 것을요. 그 시간이 우리에게 주어진 전부였다는 것을요. 그래도 후회는 하지 않으렵니다. 그의 아내로서 열심히 살았고 나아가 그가 정성을 다해 효도했던 나이 많은 어머님의 며느리로서 최선을 다했으니까요. 또한 그가 남겨 놓은 세 아이들을 어긋나지 않게 잘 키워 지금은 사회의 일원으로 부끄럽지 않은 위치에서 살 수 있도록 뒷바라지 했으니까요.

오늘 밤 그가 내 곁에 있다면 나는 그와 함께 별을 헤일 것입니다. 나이 든 사람들이 무슨 유치한 짓이냐고 놀려도 상관은 하지 않겠습니다. 우리 아파트 놀이터에 있는 나무 의자에 앉아 손을 꼭 잡은 채 별을 올려다보겠습니다. 그리고 그가 '별 하나' 하고 운을 떼면 나는 '별 둘' 하고 나직이 그 말을 받을 것입니다. 그렇게 주고받음을 끝없이 이어가다 보면 하늘의 별들이 그의 외투 깃에 내려와 앉기도 하고 내 치마폭에 싸이기도 하겠지요.

밤은 점점 깊어가고 얘기 또한 짙어 가는데 아! 별똥별이 길게 꼬리를 그으며 떨어지네요. 떨어지는 별똥별을 바라보며 우린 마음을 모아 이렇게 소원을 빌 것입니다. "하나님, 우리 부부 지금처럼만 서로 위하고 의지하면서 살게 해 주세요. 그리고 언젠가 데려가실 때가 되면 한날 한시는 아닐지라도 앞서거니 뒤서거니 비슷한 시기에 데려가 주세요. 어느 쪽이든 너무 많은 세월을 혼자 남아 애통하지 않도록 말예요."

윤동주 시인의 「별 헤는 밤」이 가슴 가득 일렁이는 밤입니다.

> 별 하나에 추억과 / 별 하나에 사랑과 / 별 하나에 쓸쓸함과 / 별 하나에 동경과 / 별 하나에 시와 / 별 하나에 어머니, 어머니

(2011)

# 체중 유감

그날은 작은아들네와 밖에서 저녁을 먹고 돌아온 터라 포만감이 가시지 않았고 또 나른한 피로감마저 느꼈다. 자리에 눕고 싶었다. 그에 동조하듯 슬그머니 나를 부추기는 것. '하루 쉬자. 오늘 하루 쉰다고 뭐 어때?' 그 생각에 이어 나를 견제하는 또 하나의 생각.

'이래선 안 되지. 일주일도 못 되었는데 벌써 게으름을 부리다니.'

벌떡 일어났다. '과유불급'이란 말도 있겠다. 컨디션이 좋지 않은데 무리는 말자. 오늘은 슬슬 놀이터 주위나 몇 바퀴 돌다가 들어오는 걸로 만족하자.

밤 9시, 입은 채로 슬리퍼를 신고 밖으로 나갔다. 승강기에서 내려

놀이터 주위를 돌기 시작했다. 며칠째 계속되는 열대야. 후끈 달아오른 지열을 식히는 한 줄기 밤바람이 싱그럽다. 그 바람 속에 온몸을 들이밀어 심호흡을 해 봤다. 찌뿌둥하던 몸이 깨어나고 정신이 맑아지자, 이건 또 웬 변덕? 이왕 나왔으니 제대로 걸어야겠다는 생각이 그것. 슬그머니 웃음이 나왔다. 쾌재를 부르고 싶은 건 그 유혹이야말로 진정 내가 바라는 바였으니까. 그러나 복장과 신발이 문제였다. 다시 올라가 준비를 해야 하는데 또 다시 게으름이 발동. 자신과 슬그머니 타협한 결론은 그냥 그대로 걷는 시간 1시간을 30분 정도로 줄여 끝내자는 것.

항상 걷던 코스인 하이마트 간판이 보이는 내리막길을 걸어 내려가 성당을 지나고 다시 왼쪽으로 꺾어 큰길로 내려갔다. 다시 좌회전, 다사랑병원을 뒤로하고 송정아파트 선전용 현수막이 걸린 곳을 지날 때였다. 도란도란 얘기하며 걸어가는 두 아주머니를 만난 것은. 차림새로 보아 나처럼 걷기 운동을 하기 위해 나온 게 분명했다. 혼자 걷기에 팍팍했는데 잘됐다 싶어 말을 건넸다.

"안녕하세요? 운동 나오신 길이죠?"

"예, 아주머니도 운동하러 나오셨나 봐요."

어느덧 셋이서 한타령이 되어 걸은 게 현대정형외과와 동신아파트를 지났다. 처음 마음먹은 삼십 분은 족히 지났을 시각, 그렇다고 혼자서 되돌아갈 수는 없는 일. 맨발에 슬리퍼를 신고 한 시간쯤 걸었나. 양쪽 발등이 슬리퍼에 씻겨 통증을 느낀 것은 삼천천을 내려가기 훨씬 전이었으니까.

말로만 듣던 삼천천을 옆에 낀 나지막한 언덕 위에는 많은 사람들이 앉아 영화를 관람하고 있었고, 그 사람들 사이를 비켜 걷고 또 걷는 사람들. 어린아이 손을 잡고 산책하듯 걷는 젊은 부부, 둑 위의 상가에서 내려 비치는 불빛을 조명으로 명암을 달리하는 사람 사람들. 보폭을 크게 하여 두 팔을 야물게 흔들며 걷는 아가씨, 느린 속도로 춤추듯 걷는 사람.

다시 또 얼마를 걸었을까. 거의 집에 다 오지 않았나 싶어 물으니 아직도 삼십 분은 걸어야 한단다. 순간 어쩐다? 하는 생각과 함께 픽 웃음이 나왔다. 친구 따라 강남 간다더니 내가 꼭 그 꼴이었으니. 아무런 준비도 없이 함께 걸을 수 있는 친구를 만났다는 반가움만으로 나선 길이었으니까. 주머니에 비상금 몇천 원만 들어 있었으면 좋았을 텐데. 빈 택시를 그냥 부러운 눈으로 보낼 수밖에. 돈은커녕 손수건, 휴지 한 장 없는 빈 주머니인걸. 참자. 이왕 한 시간 넘게 걸었는데 그까짓 삼십 분을 못 걸어? 오기 같은 게 발동했다. 절뚝거리며, 그것도 아주머니들이 눈치 채지 않게 아무렇지도 않은 듯 걸어야 했다. 사실 그곳에서 두 아주머니를 놓치면 혼자서 집에 찾아갈 자신도 없었으니까. 처음으로 걷는 길, 그것도 밤에.

지친 상태로 돌아온 집. 우선 발등부터 살폈다. 슬리퍼가 닿은 발등의 피부가 양쪽 다 4센티미터가량 벗겨져 너덜너덜하고 그곳에선 피가 스며 나오고 있었다. 연고를 찾아 바르면서 확인한 시각은 10시 35분. 집에서 나간 지 한 시간 반이 더 지난 셈. 평소보다 35분을 더 걸은 것이다.

"야, 너 왜 이렇게 됐어? 해도 너무 했다."

"왜 이렇게 되도록 방치했어?"

1년에 한 번씩 모이는 총동창회에서 만난 서울 친구들의 일갈. 처음엔 웃었다. 그러나 이 친구, 저 친구 모두 한 마디씩 거들고 나서니 부아가 날 수밖에. 그러나 성을 낼 수도 없는 상황. 염치없고 속상한 마음을 참고 흔연스럽게 웃으면서도 속으론 이렇게 구시렁거렸다. '너희들 내 아픈 델 자꾸 헤집을래? 그래 나 체중 불었다. 그것도 몰라보리만큼. 그래서 어쩌라고? 나 살찌는 데 보태준 것 있어?'

(2005)

# 4부

늘 웃으며 살 수 있는 사회란 그만큼 자신과 타인에 대해 관대한 사회며, 그 관대함이란 자신보다 남을 먼저 배려하는 마음이고 그 배려가 모이고 모이면 사랑이란 커다랗고 뜨거운 용광로가 될 테니까.

# 함께해 온 동반자처럼

우리 『전북수필』이 지령 61호를 발간하게 되었다. 환갑을 맞은 것이다. 여기서 『전북수필』 앞에 우리라는 말을 붙인 것은 어느 문학단체보다 훨씬 더 큰 비중과 애정을 가지고 몸담아 왔기 때문이다. 우리라는 말 속에는 오랜 세월을 함께해온 회원들의 노고와 사랑이 응축되어 있음은 물론 긍지와 사명감 또한 적지 않게 녹아 있음을 짐작할 수 있다.

전북수필문학회에 가입하여 처음 작품을 발표한 게 23년 전인 1982년 7월에 발간한 『전북수필』9집이었다. 그리고 단 한 번의 불참 없이 기쁨으로 참여하여 쉰세 번째 작품을 발표했다. 서로 만나 인연을 맺은 부부의 연처럼 소중히 여기고 가꾸어 왔다. 결혼식 때 주례는 말한다. 기쁠 때나 슬플 때나, 어려울 때나 병들었을 때라도 함께하며 서로 믿고 의지하라고.

그렇게 함께해 왔다. 전북수필문학회를 동반자처럼 생각해 왔다. 생활의 갈피, 갈피마다에서 얼굴을 내민 정감들을 다스리고 나타내기에 힘써 왔다. 때론 격렬한 슬픔 속에서 오열했고, 날카로운 감정의 이입을 내 몰기 위해 싸웠다. 작은 기쁨 속에서 큰 행복을 찾으려 오버액션을 연출할 때도 있었다. 타인에 대한 원망과 미움을 주체할 수 없을 땐 차라리 소리 내어 웃는 것으로 감정 변환을 꾀하기도 했다.

내 눈에 비친 타인의 모습이 불만족스러울 땐 입장을 바꿔 생각해 보기도 했다. 타인에 비친 내 모습은 어땠는가를. 그리고 그들이 나에게 바라는 것은 과연 무엇인가를. 그럴 때마다 주저 없이 자신을 향한 메스를 가하기도 했다. 그러나 자신에게 자꾸 관대해지려는 속성은 어쩔 수 없이 나타나 처처에 위선의 그림자를 드리우기도 했다.

모든 사안을 자신의 위주로 판단하려는 편협함을 버리지 못한 채 오만과 아집에 휩싸이기도 했다. 있는 그대로, 느낀 그대로를 거짓 없이 나타내려 했을 때 복병처럼 숨어 있다가 시도 때도 없이 불쑥불쑥 나타나 유혹하는 속삭임, 그 달콤함에 귀 기울이기도 했다.

'있는 그대로를 표현하는 것만이 진실은 아니야, 약간의 위장과 과장도 때론 필요한 것. 누가 눈치 챈다고 그렇게 전전긍긍하는 거야.

타인에게 누가 되지 않는 한 그것은 오히려 창조적인 힘을 가지고 있는 게 아니냐'는.

수필이 지향하는 궁극적인 목적이 무엇이며 어떻게 쓰는 수필이 좋은 수필인지 묻는다면 자신 있게 대답할 순 없다. 다만 수필을 친구삼아 오랜 세월을 함께 지내다 보니 이제는 그것에 익숙해지고 가까워져서 떼려 해도 뗄 수 없는 한몸 같은 친숙한 관계가 되었다는 우답만을 할 수 있을 뿐이다. 다만 수필을 통해 자기 존재를 확인하며 한 편, 한 편의 드러냄 속에 삶의 향기를 발휘하고 싶다는 열망과 소망을 담고 있을 뿐이라고.

나이 들어가는 지령과 함께 우리 회원들 또한 많은 세월을 탔다. 그 세월을 함께하는 동안 전혀 몰랐던 사람들도 이젠 형제자매처럼 가까워졌다. 서로가 서로를 챙기고 근심하는 사이가 됐다. 하는 일과 사는 곳, 나이와 성별은 달라도 이름만 들어도 반가워서 손이라도 덥석 잡고 싶을 만큼 유정한 사이가 됐다. 사람과 사람의 정이란 눈에 확연히 보이진 않지만 쌓이고 쌓여서 두께를 더해가는 먼지 같은 게 아닌가.

한 해, 두 해 셈하지 않아도 어느새 저만치 달아나버린 세월, 그 족적 속에 녹아 있는 그 끈끈한 정임에랴. 선배는 후배의 손을 따뜻이 잡아줬고 후배는 선배들의 발자국을 따라가기에 힘썼다. 때론 그 발자국이 너무 크고 깊어서 자꾸 뒤뚱거리며 작고 연약한 발을 디밀기에 용기가 나지 않았지만.

그러나 자신을 잘 알고 있는 자 현명하다고 했던가. 자신의 결함과 부족함을 재빨리 눈치 채고 자신을 다지기에 힘쓴다면 박수를 보낼 일이다. 습작에 습작을 거듭한 결과 조금씩 다듬어지고 글마다에 빛을 더해 간다면 더 이상 좋을 순 없기 때문이다.

발표되는 글은 자기 자신만이 아닌 회원 전체의 위상과도 긴밀히 밀착된다. 한번 지상에 발표된 작품은 다시는 거둬들일 수 없는 멍에가 되어 언제까지나 자신을 따라 다니고 회원 전체를 판가름하는 요소가 되기 때문이다. 그런 생각 때문에 어느 한 편도 쉽게 써지는 글은 없다. 힘이 든다. 어휘 하나 고르는 데에도 소홀할 수 없고 띄어쓰기 하나에도 신경을 곤두세운다. 누구라도 이런 마음이 아닐까 싶다.

우리 회원들 전부는 한 권, 한 권의 책을 발간할 때마다 서로의 노고를 치하했고 때론 뼈아픈 자성의 채찍을 가하기도 했다. 전국 어느 곳에 내놓아도 손색이 없는 문학 동인지로서 거듭나기 위해 노력했다. 하여 이젠 우리 『전북수필』은 누구에게라도 자랑할 만큼 내용이 충실해졌다. 필진 한 분, 한 분의 눈부신 역량에 그저 감탄하고 경외할 뿐이다. 어디 그뿐인가. 우리 회원들 모두는 하나의 일체감으로 결속되어 있다고 자랑하고 싶다.

또한 어려운 일을 마다치 않고 애쓰신 분들께 깊은 감사의 말씀을 드리고 싶다. 막중한 책임을 어깨에 짊어지고 묵묵히 그 임무를 수행하신 분들. 역대 회장님으로부터 지금의 회장님께 깊이 감사드리고 싶다. 회원관리와 책을 펴내는 일, 각종 행사의 주관 등, 신경 쓸 일이 어디 한두 가지던가. 또한 회장을 보필하여 항상 준비된 자세로 임한 역대 부회장과 주간, 그리고 편집위원들께도 고맙다는 말씀을 드리고 싶다.

우리 집, 내 서재에 가지런히 꽂힌 『전북수필』, 9호부터 60호까지 각각 조금씩 다른 얼굴 모습을 하고 있다. 23년이란 짧지 않은 세월, 그 세월의 흔적을 고스란히 안고 있다. 9집을 빼어 본다. 빛바랜 표지와 글, 글. 180페이지의 가벼운 체중이다. 그런데 해를 거듭할수록 내용이 다양하고 충실해져 60집에 이르러 347페이지의 헤비급으로 발전했다. 건장한 노익장을 과시하고 있다. 해를 거듭할수록 그 빛을 더해 가는 우리 『전북수필』. 기쁨이 출렁인다.

그러나 이 기쁨과 함께 가슴 깊은 곳에서 서걱대는 소리 또한 외면할 수 없는 일. 어디 가는 세월만 무정하던가. 사람 또한 무정한 것을. 책장을 넘길 때마다 그리운 얼굴들이 떠오른다. 가슴 저린 것은 아무리 보고 싶어도 다시는 만날 수 없는 회원들이다. 한참 일할 젊은 나이에 요절하여 우리 곁을 영영 떠나버린 사람도 있고 사업에 실패하여 잠적한 그리운 얼굴도 있다. 가만히 쓸어보는 책자 속, 그들의 이름과 얼굴이 겹치면서 인생의 무상함이 나를 아프게 한다. 그러나 그들의 글은 언제까지나 살아남아 그리움이란 어망 속에서 퍼덕거리겠지.

9호를 꼭 껴안아 본다. 그리고 속삭여 본다.

'너는 나의 첫사랑이었다. 내가 너를 처음 만나 오랜 세월을 너만을 사랑해 왔듯, 너 또한 단 한 번도 나에게서 눈길을 돌리지 않았다. 늘 나를 붙잡아 주었다. 삶의 질곡 속에서 고통받을 때도 내 곁을 떠나지 않고 묵묵히 나를 지켜주었다. 어디 그뿐인가. 일상의 자잘한 기쁨 속에서 큰 행복을 일궈내는 현명함도 가르쳐 주었다. 늘 살아 숨쉬며 내 옆 빈자리를 채워주었다. 너는 내 동반자다. 이제껏 그래 왔듯이 앞으로의 세월도 너와 함께할 것이므로.

나는 주저치 않을 것이다. 외로울 때는 외롭다고 네 가슴팍에 기대어 눈물을 흘리며 징징댈 것이다. 왜냐면 너는 그런 나를 나무라지 않고 너그러운 품을 한껏 벌려 나를 꼭 껴안아 줄 테니까. 기쁠 때는 깔깔 소리 내며 웃을 것이다. 네 가슴팍을 두드리면서. 왜냐면 네 가슴을 향해 나아가는 내 두 주먹을 네 큰 손이 얼른 마중 나와 감싸쥘 테니까. 내 작은 주먹과 네 큰 주먹을 합한 든든함으로 네 가슴을 함께 두드릴 수 있을 테니까. 멍이 들어도 아랑곳하지 않고 바보처럼 웃으면서. 사랑한다. 정말 사랑한다.'

(2005)

# 웃음의 미학

요즈음은 웃을 일이 별로 없다. 퇴직한 후 대부분의 시간을 집에서 생활하기 때문이다. 혼자 있으려니 대화할 상대도 없고 대화할 상대가 없으니 웃을 일 또한 뜸해졌다. 웃음이란 여럿이 모여서 이런 얘기, 저런 얘기 세상 돌아가는 얘기를 하는 중에 자연스레 나오는 게 아니던가. 생활정보나 지적인 얘기를 나눌 때보다 조금은 헐렁하고 엉뚱한 얘기를 할 때, 그리고 실없는 얘기를 아무렇지도 않는 표정으로 말할 때나 능청을 떨 때 좌중은 폭소를 터뜨리곤 한다. 덧붙여 독특한 동작을 곁들인다면 웃음의 분위기는 한층 더 고조된다.

또 그러지 않을 점잖은 사람이 어쩌다 실수를 해서 큰 망신을 당했다는 고백을 했을 때 우리는 왁자하니 웃음을 터뜨리게 된다. 손사래를 치고 끌끌 혀를 차는 것으로 서로의 우정을 확인하곤 한다. 사람은 누구나 다 나름대로의 자존심을 지니고 있어서 자기의 약점이나 실수를 웬만한 사이에선 털어놓기를 꺼려한다. 그럼에도 불구하고 그런 실수담을 스스럼없이 쏟아놓는 것은 그만큼 상대방을 믿기 때문이다. 자기의 허물이나 약점을 숨김없이 털어놓고 편할 수 있는 상대, 그런 친구가 있다면 혼자서라도 실컷 웃을 수 있을 텐데.

그러다가 오늘 나는 참 많이 웃었다. 혼자서. 우송되어 온 『월간문학』 3월호의 수필작품, 「그러게 말입니다」를 읽으면서 말이다.

'부모님은 왜 우리를 사랑할까?' 라는 초등학교 시험문제에 어떤 어린이가 대답하기를 '그러게 말입니다.' 라고 했다는 것. 한참을 웃었다. 얼마나 기발하고 또 신선한 대답인가. 담임교사는 그 답안을 보고 어떤 생각을 했으며 또 어떻게 처리했을까.

필자는 이렇게 말했다. '기존의 가치와 관념에 꽉 매어 사는 우리 어른들에게 어린아이의 생각과 사고 체계가 얼마나 흥미로운가. 그런 기발한 어린애와 실컷 얘기를 나누며 그렇게 답을 쓴 그 아이가 생각하고 느끼는 이 세상과 자연에 대하여 듬뿍 들을 수 있으면 좋겠다. 창의적인 발상은 물론이고 새로운 세대의 사고를 이해할 재미있는 기회가 될 것이 틀림없으니까.' 라고.

그리고 그 작품 속에서 만난 또 한 가지 얘기. '불행한 일이 겹침'이란 사자 성어를 쓰라는 문제를 냈단다. 설상가상雪上加霜이란 대답을 끌어내기 위한 것이었는데 '설( )가( )'의 공란에 , '설(사)가(또)'라는 답을 쓴 어린이가 있었다니. 그 어린이의 대답이 얼마나 재치 있고 기발한가. 겨우 멈춰 놓았더니 또 그런 일이 일어났으니. 불행한 일이 겹친 게 사실이렷다. 한참을 웃었다. 혼자서. 아마 누가 봤더라면 이렇게 생각했을 정도로 많이 웃었다. '저 여자 왜 그러지? 뭐가 좋아서 저렇게 혼자 웃고 야단이야.'

얼마 전 개그맨 김형곤이 갑자기 세상을 떠났다. "국민 여러분 웃으며 사세요."라고 말한 웃음 전도사 김형곤. 그는 평소 '웃음이 있는 나라에는 희망이 있다.'는 지론을 폈다고 한다. 또한 자살이 느는 등 사회 분위기가 흉흉하게 된 것도 웃음이 사라졌기 때문이라고 주장했으며 '행복하기 때문에 웃는 것이 아니라, 웃기 때문에 행복해지는 것'이라는 윌리암 제임스의 말을 자주 인용했다고 한다. 그의 말에 전적인 지지를 보낸다.

늘 웃으며 살 수 있는 사회란 그만큼 자신과 타인에 대해 관대한 사회며, 그 관대함이란 자신보다 남을 먼저 배려하는 마음이고 그 배려가 모이고 모이면 사랑이란 커다랗고 뜨거운 용광로가 될 테니까. 펄펄 끓는 용광로에 무엇인들 녹지 않을까. 내 안에 내가 너무 꽉 차서 감히 남이 들어올 한 치의 틈도 남기지 않는 이기적인 마음도 녹아 없어질 것이고, 자신을 되돌아보기 전에 남을 원망하는 못된 버릇도 깨끗이 비워낼 수 있을 테니까. 온갖 사회악도 못된 폐습도 사랑 앞에선 꼼짝 못할 테니까.

요즈음 난 개그 프로 시청을 거의 하지 않고 있다. 어쩌다 채널을 돌려 개그 프로를 만나도 별로 웃음이 나오지 않는다. 방청석 가득 모여 앉은 사람들과 개그맨들 대부분은 젊은 층인데 그들이 엮어내는 개그가 그다지 우습지 않다. 웃기려고 억지로 얘기를 이끌어가는 게 식상하다. 그런데 방청석에 앉아 있는 사람들 대부분은 무엇이 그리 우스운지 박장대소를 하곤 한다. 나는 웃는 그들이 우스워서 '픽'하는 조소를 남기고 곧이어 채널을 돌리곤 한다.

그런데 20년 전 「회장님, 회장님, 우리 회장님」이란 개그 프로를 즐겨 본 기억이 있다. 김형곤 씨가 회장으로 분한 개그였는데 그땐 참 많이 웃었다. 정경유착을 날카롭게 풍자한 내용의 충실성이 좋았다. 그리고 김형곤의 독특한 말투와 배불뚝이 모습이 인상적이었다. 또한 회장의 비위를 맞추려는 임원들의 비굴한 태도에 만족한 듯 껄껄 웃다가도 갑자기 태도를 바꿔 그들에게 일침을 가하는 회장의 카리스마가 참 좋아서 많이 웃곤 했다. 허허실실, 늘 비어 있는 듯했어도 결정적인 때에 경각심을 주어 시청자들의 마음을 시원하게 했던 개그,

윗사람들의 눈치를 보며 전전긍긍, 아첨을 일삼는 사회조직의 단면과 부조리에 대해 주먹을 내지른 개그였다. 나는 그 프로를 볼 때마다 걱정이 되곤 했다.

'저 개그 제작진들 괜찮을지 몰라. 저렇게 쏘아대다가 신상에 불이익을 당하는 건 아닌지.'

언론의 자유가 보장된 나라라곤 하지만 높은 양반들 비위를 자극해서 좋을지 모르겠다는 불안을 배제할 수 없었으니까.

'웃음은 국가 경쟁력' '전 국민을 웃음 바이러스로 감염시켜 행복병에 걸리게 하겠다.'던 김형곤, 그는 갔지만 그의 뜻만은 우리들 가슴에 오랫동안 남아있지 않을까.

그는 웃음의 미학을 실천하기 위해 노력한 진정한 개그맨이었다. 자신의 원대한 꿈을 다 이루지 못하고 도중하차하긴 했어도 웃음과 동의어인 희망을 남기고 우리 곁을 떠났다. 웃음을 잃고 고통에 시달리는 모든 병든 자들을 위한 마지막 배려를 남기고. 자신의 시신을 병원 측에 기증함으로, 의학발전을 위한 하나의 촛불로 남았다.

(2007)

# 풍경

대형 거울 속, 그곳에 낯선 여자가 있었다. 자줏빛 가운은 두리 뭉실한 체형을 강조하고 있었고 염색약을 발라 찰싹 붙은 머리와 광대뼈가 솟은 두 볼, 코를 중심으로 얼굴 바깥쪽을 향해 아래도 흘러내린 팔자 모양의 깊은 주름살과 얼굴 곳곳에 퍼져 있는 크고 작은 점들. 아무리 숨기려 해도 숨길 수 없는 누추한 연륜이 거기 있었다. 눈을 감았다. 보고 싶지 않은 모습으로부터 도피하기 위한 가장 손쉬운 방법은 눈을 감아버리는 것. 미장원 풍경이다. 언제부터던가. 자꾸 세어지는 흰머리를 감추려 이곳에 드나들기 시작한 때가.

'어서 오세요.', '안녕히 가세요.' 오가는 손님들을 향해 합창이라도 하듯 입 모아 명쾌하게 읊어대는 서너 명의 미용사들. 빨간 재킷에 검정 팬츠의 그녀들의 손이 잽싸게 움직인다. 퍼머롤을 마는 이, 가위 손을 열심히 움직여 머리를 자르는 이, 퍼머머리에 중화제를 바르는 이, 제각기 맡은 일에 열심이다.

'따르릉따르릉' 벨이 울린다. 퍼머 손님의 중화제 바를 시간과 염색 손님의 머리 감을 시간을 체크해 놓은 벨이다. 내 차례다. 의자에 깊숙이 앉아 목을 받침대에 대고 머릴 뒤로 젖힌 자세로 미용사의 손길을 받는다. 따뜻한 물로 꼼꼼히 머릴 감겨준다. 두 손으로 부드럽게 머리를 감싸안듯, 두피 마사지를 하듯 열심히 감겨준다. 이마에 묻은 염색약이 그대로 남아있을까 염려하여 부드러운 천으로 샅샅이 조심조심 문질러 준다. 한 번 또 한 번. 물을 끼얹어 염색약의 찌꺼기가 다 빠졌을 때 샴푸와 린스로 마무리를 한다. 그리고 머리를 닦아주며 뒷목을 지압해 준다. 그렇게 시원할 수가 없다.

그리고 나선 원장의 손길을 기다린다. 커트를 하기 위해서다. 많은 미용사들이 있지만 머릴 자르는 일은 대부분 원장의 몫이다. 벽에 걸린 원형 시계를 일별한다. 오후에 약속이 있는 것도, 바쁜 일이 있는 것도 아닌데 시각을 확인하는 게 습관처럼 되어버린 때문이다. 어느덧 벽걸이 시계의 두 바늘이 숫자 12에 겹쳐 있다. 한 시간 여가 흐른 것이다.

다른 이의 커트를 마치고 내 차례가 왔을 때 원장이 우릴 둘러보며 말했다.

"자, 점심들 먹고 하십시다." 내가 단골로 다니는 그 미장원은 점심 때가 되면 손님들에게 점심을 대접하곤 한다. 그날도 밥하는 아주머니의 음식 솜씨 덕분에 맛있는 점심을 먹을 수 있었다.

"하루 이틀도 아니고 날마다 손님들에게 이렇게 따뜻한 점심을 대접하는 미장원이 어디 있겠어요. 너무 감사해요." 먼 동네에서 일부러 그곳 미장원을 찾아온다는 아주머니의 말을 받아 원장은 이렇게 말했지. "많이들 드세요. 다 하나님의 은혜고 뜻이지요."

그곳 미장원의 원장은 독실한 기독교 신자란다. 모든 걸 하나님의 은혜와 뜻으로 돌리는 그녀가 그날따라 얼마나 유정하게 느껴지던지.

이런 고시가 있다.

한 손에 막대를 쥐고 또 한 손에는 가시를 쥐고
늙는 길을 가시로 막고 오는 백발을 막대로 치려 했더니
백발이 제가 먼저 알고서 지름길로 오는구나.

어디 그 시뿐이던가. 「落花渡」를 감상해보자.

작숙화개상하가昨宿花開上下家/어제는 꽃이 위 아래로 핀 집에서 자고
금조래도작화파今朝來渡落花波/오늘 아침엔 꽃이 지는 냇물을 건너네.
인생정사춘래거人生正似春來去/인생이란 바로 오고 가는 봄과 같은 것
재견개화우낙화纔見開花又落花/겨우 피는 꽃 본 후 또 지는 꽃을 보네.

조선시대의 여류시인 신녀神女의 시다. 어제 핀 꽃을 보고 잠들었는데, 오늘 아침 꽃잎이 떨어지는 시내를 건넌다는 인생무상을 읊은 시다. 인생은 하룻밤 사이에 피고 지는 꽃처럼 허무하다는 것을 나타낸 글인데 어찌 신녀뿐이랴. 우리들 모두는 빠르게 흘러가는 세월을 안타까워하며 살고 있는 것을.

나이를 의식하지 않고 지내다가 또래 친구를 만났을 때 느끼는 절망감. 공들여 화장한 얼굴이지만 화장만으론 세월의 흔적마저 지울 순 없는 법. 친구들의 얼굴을 볼 때마다 내가 내 얼굴을 본 것 같아 가슴이 저려온다. 누가 그랬던가. 두 눈이 밖을 향해 만들어져 있어 얼마나 다행인지 모른다고. 두 눈 중 하나는 나를 향해 열려 있고 나머지 하나는 밖을 향해 만들어져 있다면 어땠을까. 나를 향해 있는 눈 하나는 나날이 변해가는 내 얼굴 모습을 항상 보게 될 것이고 그럴 때마다 기가 죽을 것이며 그만큼 상심하게 될 게 아니냐고. 거울을 들여다보지 않는 한 자기 얼굴을 볼 수 없게 만들어져 있는 두 눈의 구조, 그것

에 위로를 받고 있는 셈이다.

내 나이 풋풋한 20대였을 때 어머니뻘 되는 나이의 성장한 여자를 만나면 이런 생각이 들곤 했다. '저 나이에도 꾸미고 싶을까, 꾸민다고 누가 봐 주기나 하는 것일까?' 여자가 40이 넘으면 여자로서의 생명은 끝나는 줄 알았다. 그 나이에 공들여 치장한 사람을 보면 어딘지 조신하지 못한, 주부답지 않다는 부정적인 생각마저 들곤 했다. 얼마나 어리석고 또 교만한 생각이었는지.

그런데 지금의 나는 어떤가. 그때 내가 생각한 기준의 나이보다 훨씬 많은 연륜을 살고 있으면서도 변해가는 내 외모에 대해 실망하고 의기소침해 있지 않은가. 여자는 아무리 나이가 들어도 여자라는 걸 왜 그땐 미처 몰랐을까. 집에 혼자 있으면서도, 봐줄 이가 전혀 없음에도 때때로 거울을 들여다보는 게 여자인 것을.

늙지 않을 줄 알았다. 젊음이 항상 내 곁에 머무를 줄만 알았다. 이렇게 줄달음질쳐 달아날 줄을 미처 생각지 못했다. 허나 어쩌랴. 잡을 수도 묶어둘 수도 없는 게 세월인 것을. 바라는 게 있다면 곱게 변해가고 싶을 뿐. 남 보기에 너무나 남루하지 않도록 외모에 신경을 쓰면서 말이다.

미장원에서 귀가하는 길. 옷가게 유리문에 비친 내 모습을 힐끗거린다. 울긋불긋 걸린 온갖 옷들을 배경으로 거기 한 여자가 있다. 풍경처럼 그렇게 비치고 있다. 세월의 흔적을 고스란히 안고 있는 여자가 그렇게 서 있다.

(2011)

# 우리의 학창 시절은 계속되고 있었다

오후 다섯 시가 가까워지자 하나둘, 친구들의 모습이 보이기 시작했다. 익산, 군산, 전주, 남원, 충남 화순에 사는 친구들이었다. 그러나 한 시간 전에 여산휴게소를 지났다는 서울 친구들의 관광버스는 아직도 종무소식이었다. 유스호스텔 정문 앞 도로를 지나는 버스를 몇십 대 보내 놓고 기다리기에 지쳐 잠깐 다리쉼을 하고 있는데 일곱 시가 가까워서야 마침내 도착한 그들. 일 년 만에 다시 만나게 된 얼굴들이 반가워서 우리들 모두는 서로의 이름을 크게 부르면서 손을 맞잡았고 껴안으며 등을 두드렸다. 교문을 나선 지 어언 50년이 된 우리의 모교 군산사범 12회 동창들의 모임이었다.

익산 유스호스텔 '이리온' 3층 대강당. 미리 준비된 자리에 속속들이 모여앉은 우리들 67명은 의식에 참여했다. 먼저 주최 측인 전북지역 회장의 인사말에 이어 군산과 서울 지역 회장의 회원 동정. 몸이 아파 병원에 입원 중이라는 두세 친구를 제외하곤 모두의 건재함을 확인하는 순간이었다. 그리고 마지막 순서인 교가제창. 많은 세월이 흘렀음에도 잊지 않고 또렷이 기억하는 교가. 수원에 사는 k의 클라리넷 반주에 맞춰 힘차게 부르는 교가 속에 눅진하게 녹아든 우리들의 학창시절. 까까머리와 하얀 칼라 단정한 그때 그 시절의 남녀 학생들로 되돌아간 순간, 순간이었다.

보고 싶었던 친구들을 일 년 만에 다시 만났다는 기쁨과 단조로운 일상에서 벗어났다는 해방감은 더 없는 들뜸으로 우릴 달궈놓았다. 더군다나 맛있는 저녁식사에 곁들인 과일주로 인한 적당한 포만감과 취흥이 더해졌음이랴.

우리의 스타 B의 사회로 시작된 여흥시간. 그 여흥시간은 우리들을 너와 내가 아닌 우리라는 공동체로 묶어주기에 충분했다. 가수 못지않은 열창과 가볍게 스텝을 밟는 친구들로 분위기는 차츰 고조되어 가는데 무대 한쪽에서 악기를 들고 무대 정면으로 나온 여자친구 J. 모두의 시선은 그녀를 향해 집중되었고 그렇게 시작된 그녀의 색소폰 연주. 가수 조영남이 번안하여 부른 「제비」였다.

「제비」는 안타까운 석별의 정을 표현한 멜로디로서 원곡의 가사는 망국의 한을 담은 것으로 스페인 출신 '나르시소세라테르'가 작곡하였지만 후에 멕시코로 넘어와 간략히 줄어들면서 현재의 노래가 되었고, 스페인어권 국가들을 중심으로 많은 이들이 즐겨 부르게 되었다고 한다.

> 정답던 얘기 가슴에 가득하고 / 내 조국 남쪽 꿈에도 생각나니 / 푸르른 저 별빛도 외로워라 / 꿈속에 놀던 내 고향이 그립구나 / 사랑했기에 멀리 떠난 임을 / 조국 땅 떠나 해방의 날 그리니 / 언제나 모습 꿈속에 있네 / 떠나온 내 땅 아른거리네

눈을 감고 가사의 내용을 생각하며 듣는 색소폰 소리. 끊길 듯, 끊길 듯 이어지는 선율은 비장함을 얹어 마음은 한없이 가라앉았고 마지막으로 흐느끼는 듯 조용한 떨림을 남긴 채 끝맺음 했을 때 강당을 울리던 박수, 박수, 또 박수 소리.

그랬다. 언젠가 J는 색소폰을 배우러 다닌다고 했다. 색소폰은 숨으로 연주하는 악기이므로 폐활량이 부족하여 걱정이라는 말도 덧붙였다. 난 그때까지 색소폰이란 악기에 대해 관심도 전문적인 상식도 없는 터였다. 그러나 색소폰 연주자를 보며 참 근사하다고 느낀 적은

있었으므로 그녀에게 말했다. "야, 넌 참으로 대단한 여자다. 어떻게 그 어렵다는 악기에 도전할 생각을 했니? 열심히 배워서 총동창회 때 한 곡 연주해 준다면 좋을 텐데. 어때? 「데니 보이」."

그리고 그녀가 색소폰을 배운다는 그 사실을 잊고 지냈다. 그런데 J는 그날 훌륭한 연주로 우리 모두를 놀라게 한 것이다. 내가 지나가듯 신청한 「데니 보이」가 아닌 「제비」였지만.

밤은 점점 깊어가고 우리의 남은 시간은 30여 분 정도. 그때였다. 사회자인 B가 마이크를 잡더니 이렇게 말했다. "어때요? 벗님들, 즐거우셨죠? 자, 이제 우리들의 귀중한 이 시간의 클라이맥스를 장식할 비장의 카드를 여러분께 보여드리겠습니다." 그리고 그녀의 신호에 맞춰 등장한 사람. 그녀였다. 색소폰 연주로 우리를 놀라게 한 J.

경쾌한 음악에 맞춰 펼쳐 보인 현란한 춤사위. 밸리 댄스였다. 밸리 댄스란 다리나 발보다는 신체의 중심부인 배를 중심으로 연출하는 매력적이고 관능적인 춤이 아닌가. 그녀의 춤은 눈부셨다. 허리를 재빨리 흔들고 가슴과 손 골반을 감각적인 모양으로 분리시켜 움직일 때, 때론 부드럽게 때론 강렬하게 표현할 때마다 우린 숨을 죽이곤 했다. 적당히 붙어 있는 허리 살과 뱃살이 밸리 댄스의 조건에 적합한 듯 몸시도 자연스럽고 귀엽기까지 한 그녀의 몸매. 그녀는 출렁이는 파도였다. 팔딱이는 한 마리의 물고기였다. 스포츠 댄스로 전국단체전에서 몇 번이나 대상을 석권한 그녀의 춤 실력을 익히 알고는 있었으나 그 날 우리에게 보여준 그녀의 밸리 댄스 독무는 단연 압권이었다.

그녀는 퀸이었다. 화려한 의상과 아름다운 동작으로 우리의 가슴을 설레게한 그녀. 우리들이 감히 꿈꾸지 못한 분야에 도전장을 내밀고 그 도전을 성공으로 이끈 여전사였다. 칙칙한 세월의 두께 속에 갇혀 시들어가는 자아를 끄집어내었고 또 그것을 밝게 펼쳐 눈부시게 형상화한 그녀. 그녀로 인해 우리들은 더 없이 행복했다. 그리고 확인할 수 있었다. 우리들 깊은 곳에 숨어 있는 가능성과 무엇이든 시도할 수 있는 열정을.

다음 날인 6월 9일 오전 10시, 1박 2일의 일정을 끝내고 제각각의 삶의 터전으로 헤어지면서 우리 말했다.

"잘 가. 내년에 군산에서 다시 만나. 다들 건강해야 돼."

강산이 다섯 번이나 변한다는 50년의 세월을 보냈으면서도 우리의 마음은 여전히 십대에 머물러 있었고 우리의 학창 시절은 계속되고 있었다.

(2012)

# 술에 취하고 풍경에 취하고

남자 동창의 초대에 응한 우리 일행이 그곳을 찾은 건 오래전 3월 초순의 어느 휴일이었다. 산자락엔 아직도 잔설이 희끗희끗 남아있었지만 불어오는 바람결은 한결 부드러워져 봄의 시작을 알리고 있었다.

남원군 사매면의 어느 초등학교 교감으로 재직하는 남자 동창의 안내에 따라 찾은 음식점. 초대 목적인 고로쇠 물이 두 개의 플라스틱 큰 물통에 가득 담겨 우릴 기다리고 있었다. 그러나 맛있는 식사를 위해 한 컵씩만으로 입을 축인 뒤 푸짐하게 차려진 점심상에 둘러앉은 우리들.

초대한 동창 학교의 학부형이라는 사람 좋아 보이는 음식점 주인의 수더분한 말씨와 맛깔나는 음식이 우리의 식욕을 돋우었고 금상첨화로 우리의 분위기를 한층 더 고조시킨 갖가지 색깔의 가양주.

"이 술들은 우리 교감 선생님께서 특별히 부탁해서 내놓은 것입니다. 보통 손님들에겐 절대 선보이지 않는 우리 집의 귀한 보물이지요."

얼굴 가득 함박웃음을 띠며 우리의 마음을 편하게 했던 음식점 남자 주인. 진달래, 머루, 복분자, 더덕으로 담근 대여섯 가지의 빛깔 고운 술이 나왔고 '자 우리들의 우정을 위하여'라는 건배사에 뒤이어 '쨍그랑'하며 부딪혔던 유리컵의 그 맑은 소리, 소리. 그리고 목젖을 흥건히 적시며 잘도 넘어가던 그 술맛. 잔을 비우기가 무섭게 채워지고 또 채워짐에 따라 우리들의 취흥은 한층 더 무르익어 갔다.

난 애주가도 아니고 주량 극히 미미했지만 술에 대한 거부감은 없었던 터였고 오랜만에 가진 그날의 모임에 마음이 한껏 부풀어 오르고 느긋해졌기 때문일까. 그날따라 술맛이 어찌도 그리 달콤하던지. 이 친구 저 친구가 권하는 것을 사양하지 않고 서너 잔은 족히 마셨다. 허기야 말이 서너 잔이지 그 양을 다 합쳐도 보통 맥주잔의 한 잔 분량이나 되었을까.

한 잔, 두 잔, 술이 더해 갈수록 긴장이 풀리고 가슴이 두근거리기 시작했다. 그리고 얼굴에 열기가 몰려오더니 그 열기가 온몸에 스멀스멀 퍼지기 시작했다. 그리고 내 눈에 띈 여자 동창의 얼굴도, 남자 동창의 얼굴도 모두 다 예뻐 보이기 시작했다. 살붙이처럼 친근하게 느껴졌다.

"야, 너 자세히 보니 참 잘생겼다. 정말 미남이네." 옆에 앉아 있던 남자 동창에게 말했던가. 평소에 나답지 않은 얘기에 그 남자 동창 껄껄 웃으며 이렇게 응수했다. "와, 은실 씨 덕분에 오늘 내가 졸지에 미남이 되었네. 정말 고마워." 그리고 그 친구의 말에 뒤이어 "난, 난" 하며 다른 남자 동창들이 나를 향해 얼굴을 디밀었고 한바탕 웃음이 좌중을 휩쓸었다. 거기까진 좋았다. 그러나 무슨 변덕이란 말인가. 그 때까지 그저 기쁘고 충만했던 기분이 갑자기 슬픔과 원망으로 바뀌어 버렸으니.

"야, 니네들 그러는 게 아냐. 그러면 못써. 니네들 다 잘 살고 있지? 남편 사랑 잔뜩 받으면서, 안사람들 알뜰살뜰 챙겨가며 알콩달콩 잘들 살고 있지? 그러니까 남의 외로움을 알 까닭이 있겠어? 어느 누구 하나 내 마음을 헤아려준 적이 있어? 너희들만 재미있게 살면 다야?" 하면서 좌중을 향해 술주정을 해 버린 것.

"미안해. 정말 미안해. 네 얘길 들으니 정말 우리가 잘못했어."

"네가 그런 생각을 하고 있는 줄을 꿈에도 몰랐어. 널 외롭게 해서 정말 미안해."

내 말이 끝나기가 무섭게 잘못했노라고, 정말 미안하다며 내 손을 따뜻하게 잡아 주었던 동창들. 왜 그랬는지 모르겠다. 만나면 그저 반가워 스스럼없이 근황 얘길 나누며 기쁜 일, 슬픈 일이 있을 때 동참하여 돈독한 우정을 유지하고 있으니 그걸로 족하다고 생각하고 있었는데 말이다.

지금도 그때 일을 생각하면 자꾸 웃음이 나온다. 그리고 부끄러운 마음에 얼굴이 화끈거린다. 그러나 난 믿었다. 내 비록 그날 술기운을 핑계삼아 더 지독한 말을 쏟아놓아 그 분위기를 흐려놓았다 할지라도 내 친구들은 그런 나를 따뜻이 감싸주고 위로해 주었을 것이라고. 누울 자리를 보아가며 다리도 뻗는다 하지 않던가. 내 주사를 다 받아들여 주리라는 믿음이 있었기에 맘 놓고 어리광을 부렸던 터.

중추신경계의 활동을 저하시킨다는 알코올. 사람마다 조금씩 다르기는 하지만 술을 마시게 되면 마음이 느긋해지고 대담해지며 평소보다 말이 많아지는 게 일반적인 경향이다. 어떤 이는 공격적이고 난폭해지기도 한다. 그러나 한 잔, 두 잔이 됫술이 되고 됫술이 늘어 말술이 된다면 이건 큰일. 그래서 알코올중독자도 생기고 그로 인해 패가망신하는 사람도 있음을 볼 때 술은 권장할 것은 아니로되 그렇다고 나쁜 점만 있는 건 아니다.

적당한 술은 먼저 기분을 좋게 만들 뿐 아니라 소화제 역할도 하며 협심증도 완화하며 심장병도 예방한다고 한다. 술을 전혀 하지 않는 사람보다 적당한 음주는 장수의 비결이라고도 하는데 그 말에 대한 확신은 없다.

누가 나에게 술을 전혀 마시지 못하는 남자와 적당히 즐기는 남자 중 한 사람만을 친구로 택하라면 나는 후자를 선택할 것이다. 깐깐하고 매사에 소심하며 조목조목 따지기 좋아하는 사람보다 조금은 헐렁하고 빈 구석은 있으나 상대를 포용할 줄 아는 따뜻한 가슴을 가진 남자가 후자일 것 같아서다.

돌아오는 길. 여자친구들의 부축을 받으면서도 자꾸 휘청거리는 나를 뒤돌아보며 앞서 가던 남자 동창이 한 말을 지금까지도 기억하고 있다. "은실 씨, 그동안 술이 많이 늘었더군. 주사도 할 줄 알고. 덕분에 오늘 우리들의 분위기는 최고였어."

그랬다. 그날 난 맘 놓고 취할 수 있었다. 술에 취하고 오랜 세월 동안 쌓아온 우리들의 우정, 그 아름다운 풍경에 취했으니까. 그러다 보니 난 어느새 술 예찬자가 되어버린 느낌이지만 직분을 맡고 있는 교인으로서 어디 가당키나 할 말인가. 끝으로 방랑시인 김삿갓의 시 한 편을 소개한다.

천 리를 지팡이 하나 의지해 떠돌다 보니(千里行裝付一祠)
주머니에 남은 건 엽전 일곱 닢이 전부구나(餘錢七葉尙云多)

그래서 남은 엽전만은 주머니 속에 깊이 간직해두려 했건만
(囊中戒爾深深在)
석양의 술집 앞에 이르니 어이 그냥 지나칠 수 있으리오
(野店斜陽見酒何)

(2012)

# 축하합니다

이른 아침 신문을 훑어보다 반가운 얼굴을 접했다. 승진과 취임을 다루는 16면의 많은 사람들 중에서 금방 눈에 띄었던 그녀. 장수교육지원청 신임 교육장에 ○○○씨라는 타이틀과 함께 미소 짓고 있는 얼굴. 그랬다. 그녀는 20여 년 전 전주 시내 같은 학교에서 3년을 함께 근무했던 동료였다.

한참이나 나이가 어렸으며 출신학교도 달랐고 또한 모임도 없었기 때문에 그 학교를 떠나 온 후 연락이 끊긴 터였다. 그러나 간간이 그녀에 관한 소식을 듣곤 했다. 교감으로 승진되었고 또 교육청 장학사를 역임하고 있다는 반가운 소식들이었다. 그런 좋은 소식을 접할 때마다

고개를 끄덕이곤 했다. 조용한 성격으로 성실했던 그녀. 매사에 열심이었고 당찼던 걸로 미루어 보아 그녀의 승진은 너무나 당연한 결과라고 생각했다. 그러던 중 그날 신문을 통해 그녀를 만나게 되었던 것이다.

그녀에게 축하의 말을 전하고 싶었다. 헤어지고 난 후 꽤 오랜 세월이 흘러 그녀가 나를 기억하고 있지 못한다 해도 상관은 없으리라 싶었다. 기우와는 달리 그녀는 나를 금방 떠올려주었으며 내 축하 전화를 받고 몹시 기뻐했다. 기뻐하는 그녀 따라 내 기쁨 또한 풍선처럼 부풀어올랐다. 기쁨을 공유하면 그 기쁨은 두 배로 늘어난다는 말이 실감되는 순간이었다.

그녀가 교육의 수장으로서 근무하게 될 장수. 사범학교를 졸업한 후 교직생활에 첫발을 디딘 곳이 그곳 장수였고, 그곳 사람인 그이를 만나 가정을 이루었다. 결혼 후 꿈 같은 시간, 12년을 보냈던 곳, 내 고향 장수. 더구나 그녀가 일하게 될 교육지원청(그이가 근무하던 땐 교육청이라 불렀음)이 그이가 살아생전 몸담았던 직장이 아니던가.

장수, 가슴속 깊은 곳, 내밀한 곳에 늘 자리잡고 있는 곳. 상실감의 무게가 너무 커서 황망히 쫓기듯 떠나왔던 곳. 잊으려고 아무리 용을 써도 결코 잊을 수 없는 곳. 시시때때로 불쑥불쑥 치솟아 날카롭게 헤집는 통증으로 괴로운 곳. 생손앓이처럼 늘 끙끙대며 품고 살아야 할 그곳, 내칠 수도 버릴 수도 없는 곳. 내 고향, 그리고 모든 추억들.

우중충한 회색빛 그늘 속에 숨어 밝음을 향해 기다랗게 목을 빼는 동안 흘러 버린 34년의 세월. 누군가가 말했다. '길 위에서 기쁨과 슬픔을 만나기도 하고 고난과 행복을 만나기도 하고, 더 이상 앞으로 나가고 싶지 않은 때도 있을 것이다. 길 앞에 무엇이 있는지 두려운 때가 있지만 우리는 걸어 나가야 한다.'고. 그렇다. 상황이 변했다고 주저앉을 순 없었다. 멈출 수도 없었다. 그저 묵묵히 걸어야 했다. 행여 남이 눈치챌세라 흔연한 모습으로 내 자리를 지켜야 했다.

신이 우리에게 주신 수많은 은사 중에서도 결코 그 무게가 가볍지 않은 은사는 망각이 아닐까 싶다. 죽을 만큼의 고통스러웠던 일도, 자괴감으로 차마 고개를 들지 못했던 아픔도 시간의 갈피에 끼어 차츰 퇴색되어 가니까.

세상은 살아갈 만한 가치가 있는 곳. 춥고 습기 차며 어두운 그늘 속에서도 온기와 밝음은 존재하는 것. 풀 죽은 시간들 속에서도 선물처럼 찾아왔던 일상의 자잘한 기쁨들. 남이 볼 때는 별것도 아닌 듯싶은 일에도 난 크게 의미를 부여했고 부여한 의미에 기쁨을 가미해 살리라 다짐한 시간이었다. 어쩜 이런 내 행위들은 가진 것과 자랑할 게 별로 없는 자칫 피폐해지기 쉬운 스스로에 대한 위로요 어쩌면 교활하다 할 수도 있는 나만의 비책이었는지도 모르겠다.

신중하고 조용했으며 행동에 앞서 생각에 생각을 더했던 성격에 변화를 꾀했고 어느덧 활달하고 밝은 모습의 나와 마주할 수 있었다. 작은 기쁨에도 그 기쁨 이상의 의미를 부여하며 매사를 긍정적으로 생각하려고 힘썼다. 그러다 보니 즐거운 일과 웃음 또한 많아질 수밖에 없었다. 모임이 있던 어느 날 크게 웃는 나를 보고 친구가 말했다. "얘, 웃는 너를 보면 내 마음도 덩달아 즐거워져. 리드미컬한 네 웃음소리는 아무도 흉내 내지 못할 거야."

그러나 아직도 완전히 버리지 못한 채 껴안고 있는 것들, 순간, 순간 튀쳐나와 나를 당황케 하는 허망의 아픔. 그것들을 완전히 털어내고 싶다. 뽀얗게 삶아 몇 번이고 헹궈낸 빨래처럼 되고 싶다. 탈탈 털어 햇빛 좋은 곳에서 쫙 펴 말린 고슬고슬한 마음이 되고 싶다. 눈부심이 되고 싶다. 남아있는 미망未忘의 아픈 찌꺼기들을 녹여내고 또 녹여내고 싶다. 타인이 깃들 틈새를 내주어 포용하면서 살고 싶다. 지극히 단순한 사람으로 살고 싶다. 긍정적인 것, 아름다운 것만을 보고 또 전하며 살고 싶다. 하여 더 많이 웃으면서 살고 싶다.

자녀들의 입학, 취업, 결혼과 승진, 좋은 집으로의 이사 등 내 주위의 모든 사람들에게 좋은 일이 많이 생겨서 서로가 서로를 축하하면서 살았으면 좋겠다. 그게 남이 알아 줄, 크게 명분이 서는 일이 아니더라도 찾아보면 축하할 일이 얼마든지 있지 않을까 싶다. 우리의 일상생활을 통해, 자주 만나는 지인과의 덕담을 통해서 말이다.

"축하해. 넌 언제 봐도 참 고와. 세월을 거슬러 올라가는 비법이라도 가진 거야?"

"축하해 주고 싶어, 멋쟁이 당신을. 당신의 센스는 놀라워. 어쩜 그리 스카프를 멋있게 맬 수 있지?"

"축하해. 네 아들 정말 잘생겼다. 어느 귀공자도 부럽지 않겠어."

전해서 기쁜 말, 들어서 더더욱 기쁜 말, '축하합니다.', '축하합니다.' 축하의 메시지를 전하고 전해들음으로 행복지수를 높일 수 있다면 이 아니 즐거우랴. 이 아니 복되랴.

(2012)

# 먼저 손을 내밀어

오랜만에 작은언니가 우리 집에 왔습니다. 언제 보아도 언니의 차림새는 그녀만의 개성으로 빛나곤 합니다. 검정 모자에 감청색 벨벳 재킷과 같은 계통의 타이트스커트가 잘 어울렸습니다. 또한 반짝이로 장식된 검정색 부츠를 신고 있어 어디 하나 흠 잡을 데라곤 없는 한껏 세련된 차림이었습니다.

무척이나 반가웠습니다. 언제 봐도 반갑고 편한 우리. 할 말, 못할 말 다 쏟아놓아도 전혀 부담이 가지 않는 우리 자매입니다. 더구나 언니를 만난 지도 두 달이 훨씬 넘었거든요.

"야! 무겁다 어서 짐 받지 않고 뭐하냐?" 언니의 핀잔을 듣고서야 언니의 두 손에 들린 비닐 가방을 받아 내려놓았습니다. "빨리 풀어서 냉장고에 넣어야지 뭘 꼬물대냐?" 매사에 민첩하지 못한 나에게 언니의 잔소리가 또 터졌습니다. "어유, 언니, 또 잔소리." 언닐 향해 눈을 흘기면서도 난 조금도 노엽지 않습니다. 언니의 잔소리가 어제 오늘만의 일이 아니거든요.

비닐 가방 속에서 나온 먹거리들. 콩콩 찧어 다독다독 납작하게 눌러 얼린 직사각형 모양의 마늘과 직접 담근 것이라는 묵직한 무게의 된장, 쫑쫑 썬 청량고추와 파, 빨간 실고추와 통깨를 겉 표면에 보기 좋게 뿌려 지진 돼지고기 전, 그리고 또 인절미.

침이 꿀꺽 넘어갑니다. 먼저 인절미 하나를 꺼내 먹어봅니다. 콩가루를 잔뜩 뒤집어쓴 고소하고 달콤하고 말랑말랑한 인절미. 그 인절미가 입안에 착착 달라붙습니다. "언니, 뭘 이렇게 많이 싸 왔어. 이 인절미 정말 맛있다. 언니가 직접 만든 거야?" 난 응석어린 목소리로 언니에게 물었습니다. 꼭 언니의 대답이 필요해서 묻는 게 아닙니다. 언니를 만난 게 반갑고 또 두 손 가득 싸가지고 온 먹거리들이 고마워서 한 말이지요. 약간 콧소리를 내면서 애교스럽게 말입니다. "넌 뭐든지 잘 먹어서 예쁘더라." 맛있게 먹는 나를 보니 언니도 기분이 좋은가 봅니다. 같이 늙어가는 동생에게 예쁘다는 소릴 하는 걸 보니.

어디 그것뿐인가요? 나머지 한 보따리 속에는 쌈 싸먹을 채소가 잔뜩 들어 있었습니다. 친구의 비닐하우스에서 일을 도와주고 뜯어 온 거라고 말했습니다. 싱싱할 때 부지런히 싸먹으라며 언니는 말했습니다.

"쌈장은 있냐? 내가 만들어 주랴?" 살림을 제대로 못하고 늘 덤벙대는 동생이 못 미더운가 봅니다. 나는 손을 저으며 나도 잘 만들어 먹으니 염려 놓으라고 큰소리칩니다. 그러다가 우리 자매는 마주보며 큰소리로 웃었습니다.

점심때가 거의 다 되어 가는 시각이라 맛있는 걸 사줄 테니 함께 나가자는 나에게 언니는 손을 젓습니다. 중요한 점심 약속이 있는데 약속한 사람이 우리 집 가까이 살고 있는 터라 마침 잘된 일이라며 날 만나기 위해 새벽같이 출발했다고 했습니다. 약속 시간까지는 세 시간쯤의 여유가 있었습니다.

따뜻한 차와 과일을 먹으며 그동안 못 나눈 이런저런 얘기들을 나눴습니다. 자매가 만나서 하는 얘기의 내용이야 빤하지요. 정치 동향을 화제로 올리겠어요. 경제 얘길 나누겠어요. 뭐니 뭐니 해도 관심사의 중심은 각각의 자식들이지요. 언니는 평수 넓은 새 아파트를 사서 이사했다는 아들 얘기와 미국으로 이민간 딸 얘기를 했습니다. 딸의 초청을 받아 세 차례나 미국에 가서 서너 달씩 묵다가 돌아온 언니입니다. 그런 까닭에 언니의 얘기는 무척이나 풍성하고 흥미로웠습니다.

언니의 얘기가 마무리되어 갈 때쯤 나는 서울에 살고 있는 남동생들에게로 화제의 방향을 돌렸습니다. 언니보다 내가 그들의 근황에 대해 잘 알고 있으리라 생각되었기 때문입니다. 내 얘기에 한참이나 귀 기울이던 언니가 말했습니다.

“고것들 참 괘씸하다. 너한텐 자주 전화하는가 보구나. 그런데 나에겐 어쩜 그리 소식 한번 전하지 않는지. 혼내줄까 보다.”

언니의 원망스런 말을 듣자 나는 곧바로 해명하지 않으면 안 됐습니다. “언니, 오해하지 마. 내가 걔네들의 사정을 자세히 알고 있는 건 항상 내가 먼저 전화해서 안부를 묻곤 하기 때문이야.”

그렇습니다. 난 가끔 동생들 집에 안부 전화를 하곤 합니다. 현직에 있는 남동생들은 말할 것도 없고 그런 남편들을 뒷바라지하는 동생댁들이니 어찌 바쁘지 않겠어요. 그래서 누나인 내가 먼저 그들을 챙기곤 합니다. 마음 쓰는 쪽이 먼저 손을 내밀게 되거든요.

내 전화를 받으면 동생 댁들은 깜짝 반가워하며 이렇게 말하곤 합니다. “형님이 항상 먼저 전화해 주셔서 감사하고 또 죄송해요.” 의례적인 인사가 끝나면 그들과 나는 서로의 근황과 집안의 대소사에 대해 많은 얘길 나누곤 한답니다. 자주 얼굴을 볼 순 없어도 전화를 통해서라도 형제애를 돈독히 할 수 있으니 얼마나 좋아요.

내 얘기를 한참이나 듣던 언니가 말했습니다. “요것아 넌, 자존심도 없냐? 네가 뭐가 아쉬워서 손아랫사람에게 먼저 안부 전화를 한단 말이냐?"

언니의 말도 틀린 건 아니지요. 손아랫사람이 손윗사람을 잊지 않고 챙겨준다면야 그 이상 좋은 일이 어디 있겠어요. 그게 쉽지 않으니까 하는 말이지요. 언니의 생각대로 손윗사람으로 대접받기만을 고집한다면 동생들과는 단절된 채 지낼 수밖에 없겠지요. 육 개월이 지나도, 일 년이 지나도 정말 무심하게, 남남처럼 말입니다.

먼저 손을 내미는 것은 자존심 상하는 일도 아니고 부끄러운 일은 더더욱 아니라고 생각합니다. 먼저 손을 내밀어야 내민 그 손을 누구든 잡아줄 테니까요. 가족과 가까운 친척, 그리고 친구와 이웃, 나아가서 소속되어 있는 단체의 구성원들을 비롯한 모든 인간관계에서 말입니다.

소망합니다. 간절히 소망합니다. 정치인들은 우리 국민들을 위해 진실하고 정의로운 손을, 기업인들은 경제발전을 위한 부지런하고 양심적인 손을, 그리고 종교인들은 이웃 사랑의 손을 먼저 내밀어 주기를요. 독선과 아집을 버린 따뜻한 손을 말입니다.

손과 손을 맞잡아 그 손의 온기를 통해 온몸 가득 맑고 건강한 피돌기가 계속된다면 얼마나 좋을까요. 경제 위기와 경색된 남북문제, 연일 매스컴을 어지럽게 하는 사회 전반에 걸친 여러 문제까지도 잘 해결되지 않겠어요.

베란다의 게발선인장이 연분홍색 꽃망울을 잎 끝마다 뾰족뾰족 내밀고 있네요. 머지않아 활짝 피어날 그 꽃처럼 끕끕하고 눅눅한 우리네 가슴에도 희망의 꽃들이 활짝 피어나길 원합니다.

(2009)

# 5부

여행지가 어느 곳이든 상관은 없겠다. 일상사에서 벗어난다는 것만으로 설렘은 충분할 테니까. 그곳이 바닷가라면 좋겠다. 모래톱과 파도와 갈매기와 벗할 수 있을 테니까.

# 은행나무에 관한 단상

충남 태안군 태안읍 상옥리 1154번지에 위치한 흥주사 전방 40m 지점 오른쪽에 우람하게 버티고 있는 은행나무. 안내문엔 이 은행나무는 나이가 900년 정도로 추정되며, 높이 20m, 둘레 8.5m라고 설명하고 있었다. 고갤 젖혀 눈길 따라 더듬어 올려다본 4m 높이까지의 외줄기. 그 외줄기를 중심으로 수많은 가지들이 울울창창하게 늘어져 있었고 바람결 따라 팔랑대는 이파리 사이로 한낮의 햇살이 반짝이고 있었다.

아득히 먼 옛날 길을 가던 노승이 백화산 산기슭에서 잠시 쉬고 있는데 꿈인 듯 하얀 산신령님이 나타나 노승이 가지고 있던 지팡이를 가리키며 이곳은 장차 부처님이 상주할 자리니 그것으로 이곳에 표시를 하라는 말을 듣고 깜짝 놀라 깨어보니 꿈이었다. 기이한 일이구나 생각한 노승은 꿈에 산신령님이 가리킨 지팡이를 그곳에 꽂아두고 불철주야 기도를 하니 신비스럽게도 지팡이에서 은행나무 잎이 피기 시작하였다. 노승은 예사로운 일이 아닌 것을 짐작하고 더욱더 기도에 정진했다. 그랬더니 또다시 산신령님이 나타나 말씀하시길 이 나무에 자식 없는 자 기도를 하면 자식을 얻게 되고 태어난 그 자식들이 부귀영화를 얻어 부처님을 모실 것이니라 하며 사라졌다. 그 후 몇십 년 후 산신령님 말씀대로 그 자손들에 의해 사찰이 지어졌고 이 나무에 주렁주렁 열린 탐스런 은행처럼 부처님의 손길이 자손만대에 전해지길 바라는 마음으로 그 노승은 절의 이름을 홍주사라 이름 붙였다는 전설을 가지고 있는 홍주사와 그 은행나무.

움푹 패인 밑동 부분을 수많은 이파리가 촘촘히 감싸고 있는 걸 보며 콧등이 자꾸 시려왔다. 자구책, 그렇다. 자신의 상처를 보듬어 안고 스스로 치료하려는 절실한 그 몸짓에 어찌 일별하지 않고 지나칠 수 있으랴.

우리들 인생보다 열 배가 넘는 오랜 세월을 살아오면서 겪어야 했던 시련인들 오죽 많았으랴. 나뭇잎 전부를 떨어뜨린 후 맨몸으로 북한설한의 혹독한 추위를 견뎌내느라 얼마나 많은 피울음을 삼켰을까. 땅바닥이 쩍쩍 갈라지는 가뭄엔 살아남기 위해 얼마나 많은 힘을 소진했을까. 있는 힘을 다해 뿌리 깊이 저장해 둔 수액을 우듬지까지 뽑아 올려 몸피를 불리고 늘려온 시간들. 우리 겨레의 수난사를 온몸으로 받아냈을 그 인고의 세월들.

흥주사의 은행나무가 유명해진 것은 900년이란 높은 수령도 이유이려니와 그보다 더 큰 까닭은 자고 나면 커진다는 남근 가지 때문이란다. 미리 들은 귀동냥으로 관심을 가지고 자세히 들여다본 그 나무, 나무의 2m쯤 되는 높이의 오른쪽으로 늘어진 가지에 거꾸로 매달려 있는 그 모양이 영락없이 그것을 닮아 있었다. 그것 때문일까. 공을 들여 기도하면 회임의 효력을 나타내는 까닭이.

"이 은행나무, 은행은 열리나요?"

가까이에서 비질을 하고 있는 보살에게 물었다.

"그럼요. 해마다 많은 열매를 맺곤 하지요."

그녀는 고개도 들지 않은 채 무심한 듯 건조한 목소리로 말했다.

한낮의 해는 서쪽으로 기울어 가고 있는데 은행나무 아래 낮게 깔려 노랗게 핀 꽃 무더기 사이로 흰 나비 한 마리가 날개를 접고 있었다.

흥주사의 은행나무에 겹쳐 떠오른 영화 한 편. 강제규 감독의 한석규 진희경 신현준 심혜진이 출연하는 영화 「은행나무침대」다.

천 년 전 궁중악사 종문(한석규)은 미단 공주(진희경)와 사랑에 빠진다. 그러나 이웃 나라의 최고 무관인 황 장군(신현준)의 미단을 향한 강한 집착은 질투와 증오를 낳게 되고, 그 결과 미단을 납치하는 상황에 이른다. 힘겨운 세월 끝에 어느 해변가에서 폐인이 되어 추방된 종문을 찾아 미단은 재회하지만, 황 장군의 칼날에 종문은 머리가 잘리고 미단 공주와 황 장군도 자살하게 된다. 몇백 년 후 종문과 미단 공주는 은행나무로, 황 장군은 매로 환생하여 그들의 주변을 맴돈다. 황 장군의 저주로 은행나무 한 그루가 소실되어 침대로 만들어지고 남은 한 그루도 사라진다.

현세에서 종문은 석판화가 수현으로 환생하여 살고 있다. 그는 외과의사 선영(심혜진)과 결혼을 앞두고 있다. 어느 날 그는 허름한 시장에서 낡은 침대를 사는데, 그 침대로 인해 자신의 전생과 현재의 모든 것을 알게 되지만 선영은 그것들을 믿지 않는다.

현세에서 영혼으로 떠돌아다니는 황 장군과 미단 공주로 인해 선영은 최악의 의료사고를 겪게 되고, 수현은 갈수록 위험한 상황에 빠진다.

전반적인 흐름이 어둡고 칙칙하며 유혈이 낭자한 장면이 많이 나와 영화를 보는 내내 몹시 섬뜩해서 자주 눈을 감곤 했다. 그러나 그 영화를 보고 나서도 오래도록 장면 장면이 가슴에 오래 남는 것은 가볍게 즐길거리로만 넘길 영화가 결코 아니라는 생각 때문이었다.

특히 이 영화에서 가장 인상적인 장면은 황 장군의 미단 공주에 대한 지독한 사랑이었다. 천 년을 하루같이 한 여자만을 사랑한 그. 겨울

날, 온몸에 눈을 맞아가며 무릎을 꿇고 그녀에게 그의 사랑을 받아주길 간절히 원하는 그 장면.

영원한 사랑은 존재할 수 있는가. 황 장군의 미단에 대한 그 지독한 사랑은 진정한 의미로서의 사랑이라고 말할 수 있을까. 행여 집착은 아니었을까. 소유하지 못한 것에 대한 분노의 집착은 아니었을까. 그러나 사랑과 집착의 한계를 누가 명쾌히 구분지을 수 있단 말인가. 사랑하니까 집착할 수밖에 없고 또 집착하다 보니 사랑할 수밖에 없는 건 아닐까.

어려운 명제가 아닐 수 없다. 그러나 여기서 분명히 말할 수 있는 건 사랑이건 집착이건 서로에게 깊은 관심을 가지지 않는 한 그런 감정은 생기지 않는다는 것. 그 감정의 깊고 얕음에 따라 쉬 잊힐 수도 오래도록 가슴앓이를 할 수 있는 게 사랑이나 집착이라면 아무에게도 사랑을 느낄 수도, 집착할 수도 없는 빈 가슴보단 아파도, 죽을 만큼 괴로워도 그런 감정을 지니고 사는 게 진정 살아있음의 참모습이 아닐까.

그러나 여기서 주의할 점은 사랑이건 집착이건 그 감정을 담보로 상대의 전부를 소유하려고 해서는 안 된다는 것. 그래서 떠올린 칼릴 지브란의 시 몇 구절.

함께 있되 거리를 두라 / 그래서 하늘 바람이 너희 사이에서 춤추게

> 하라 / 서로 사랑하라 /그러나 사랑으로 구속하지는 말라 / 그보다 너희 혼과 혼의 두 언덕 사이에 출렁이는 바다를 놓아두라 / 서로의 잔을 채워 주되 한쪽의 잔만을 마시지 말라.

그 많은 나무 중에 왜 하필 은행나무였을까. 흥주사의 은행나무와 박제규 감독의 영화 「은행나무 침대」. 모든 일정을 마치고 귀가하는 길, 스치는 차창 밖의 산야가 다정한 모습으로 우릴 향해 손을 흔들었다. 지난 6월 2일 여류문학회 회원 열다섯 명의 문학기행 길이었다.

(2012)

# 숨을 틔어주다

우리 집 거실에 자리잡고 있는 산세비에리아 분 두 개. 쭉쭉 시원하게 뻗은 잎, 그 잎에는 잎의 본바탕색인 짙은 녹색에 연둣빛의 물결무늬가 불규칙한 간격과 폭을 이루며 밑부분까지 연이어져 있다. 잎의 가장자리는 노란색으로 둘러싸여 다른 잎과의 경계를 분명히 하고 있다.

열대 관엽식물인 산세비에리아는 공기청정제의 역할을 하며 한 달에 한 번만 물을 줘도 말라 죽는 일이 없다. 또한 잎꽂이를 해도 번식하는 데 지장이 없는 식물이다. 다만 주의할 일은 15도 이상의 온도를 유지해야 되는 일. 그 이하의 온도에선 성장을 멈춘다고 한다. 그래서 보통 실내에서 키우고 있다.

아파트로 집을 옮기고 난 후 하나둘씩 화분을 구입해 기르기 시작했고 그때부터 한식구가 된 게 산세비에리아다. 벌써 육 년이란 세월이 흘렀다. 처음엔 30~40㎝ 길이였던 잎이 이제는 70~90㎝의 키로 자랐다. 그뿐 아니라 잎의 수도 불어났다. 큰 잎이 밑동에 손톱만 한 잎을 거느리고 있다 싶으면 그게 어느덧 자라나 선후를 구별할 수 없을만큼의 새로운 큰 잎이 되곤 했다.

너무 조밀했다. 산세비에리아를 볼 때마다 분갈이를 해 줘야겠다는 생각을 하면서도 엄두가 나지 않았다. 괜히 잘못 건드렸다가 망가뜨릴 수도 있겠다는 우려가 첫째 원인이요, 그 우려에 못지않은 게으름도 한몫하고 있었다.

분갈이의 필요성과 방법에 대해 알고는 있었다. 화분에서 키우는 식물은 화분이라는 제한된 공간에서 뿌리를 내려 생육하기 때문에 일정 기간이 지나면 뿌리가 화분 안을 꽉 채우게 된다. 꽉 채운 뿌리는 실타래가 엉키듯 둘둘 말리게 되며, 이렇듯 화분 안을 뿌리가 꽉 채우게 된다면 어떻게 될까. 물이나 비료를 주어도 뿌리가 영양분과 수분을 제대로 흡수하지 못하게 될 게 아닌가. 그러므로 좀 더 큰 화분으로 옮기거나 여러 개의 화분에 나누어 심는 것이 분갈이가 아닌가. 그들 엉켰던 뿌리가 제대로 펴질 수 있도록 손질하여 숨통을 틘 뿌리가 제대로 영양을 흡수할 수 있도록 해 주는 게 분갈이가 아닌가. 알고 있으면서도 손을 대지 못함은 확실한 직무유기였던 것.

그러던 어느 날 밤, 마침 집에 다니러 온 딸이 산세비에리아 분을 보고 말했다. “어유, 얘들 숨 막혀 죽겠어요. 이 작은 공간에 비해 잎의 수가 너무 많아요. 빈 화분 있으면 제가 한번 나누어 심어 볼게요.” 반가웠다. 못이긴 척 하고 딸애가 하는 양을 지켜보기로 했다.

신문지, 꽃삽, 모래흙, 거름흙, 빈 화분 3개, 면장갑 등을 얼른 딸 앞에 대령해 놓았겠다. 분갈이에 자신 없는 나는 딸의 조수를 자청할 밖에. 신문지를 몇 겹으로 넓게 깔아 놓은 다음 면장갑을 낀 딸애의 다부진 분갈이는 시작되었다. 신문지 위에 조심스레 눕혀 놓은 산세비에리아 분. 빽빽하게 심긴 잎들의 밑부분을 조심스레 꽃삽으로 파내기 시작했다. 잎과 뿌리가 상하지 않도록 여간 조심하는 게 아니었다. 더구나 한 달에 한 번씩만 물을 주기 때문에 분의 흙은 까슬까슬 마른 상태여서 꽃삽을 들이밀 때마다 푸석푸석 흙먼지가 날렸다. 생각보다 흙은 단단했다. 쉽게 뿌리가 보이질 않았다. 옆에서 보고만 있는 나도 힘이 써졌다. 작업은 언제 끝날지 몰랐다. 시간은 자정을 지나 있었고 그날따라 어찌 그리도 졸리던지.

계속 하품을 하는 내가 보기 딱했던지 어서 주무시라며 등을 미는 바람에 못이기는 척하며 방에 들어가 잠을 잤겠다. 그리고 그 이튿날

이른 아침, 깊은 잠에 빠져 있는 딸애가 깰세라 조심스레 발소리 죽여 가며 베란다행. 그곳 베란다에는 네 개의 분으로 늘어난 산세비에리아가 신고식을 하는 듯 몸체를 흔들며 살랑대고 있었다. 잎의 넘어짐을 염려해 숯까지 받침대로 써서 감쪽같이 분갈이를 마친 요, 요, 기특한 딸내미. "너, 혹시 꽃집에서 알바한 적 있니? 어쩜 이렇게 멋진 분갈이를……." 감탄을 토해내며 고마움을 표하는 엄마에게 딸애는 웃으며 말했다. "엄마, 맘에 들어?"

이렇게 한 개에서 네 개의 분으로 늘어난 산세비에리아, 네 개의 분 중에 언니와 친구에게 각각 하나씩을 나누어 주고 이제 두 개의 분만 남았다. 보기에 참 좋다. 잎과 잎 사이가 적당한 간격을 유지하고 있어서 작은 바람결에도 몸을 자유롭게 흔들어대며 기쁨을 나누고 있다.

어느 날 아침, 그날은 산세비에리아 분에 물을 주는 날이었다. 베란다로 안고 나가 마른 흙이 흠뻑 젖도록 충분히 물을 주며 새로 나온 여린 잎을 살펴보던 중 잎 아닌 꽃대와 마주친 것. 가느다란 꽃대에 연둣빛 길이의 꽃, 꽃. 육 년을 키워왔으나 꽃을 피워 올린 건 이번이 처음이라 여간 놀랍고 신기한 게 아니었다. 자세히 들여다봤다. 꽃잎은 꽃잎이되 그 모양이 꽃잎이 아닌 듯 이쑤시개를 1.5센티미터 정도로 잘라낸 모양이었다. 좌우 대칭의 각각 세 개씩의 꽃잎, 그 꽃잎의 오른쪽 잎에 바짝 붙어 피어 있는 꽃송이. 다섯 개의 여린 꽃잎이 뒤로 말려 있고 가운데는 명주실 같은 가느다란 수술과 암술이 끝머리마다 점 하나씩을 매달고 있었다. 이쑤시개 모양이었던 건 꽃잎이 아니라 꽃봉오리였고 그게 온몸을 활짝 연 것이었다. 줄기와 꽃잎, 그리고 암술과 수술의 색깔이 모두 흰색에 가까운 연한 연둣빛이어서 언뜻 눈에 띄지도 화려하지도 않지만 은은함과 수줍음으로 자신을 드러내고 있었다. 정말 놀랍고 신기했다.

모양도 색깔도 향기도 각각 다른 세상의 모든 꽃들. 생장조건과 개화 시기, 인지도와 그 쓰임도 각각 다른 꽃들. 그러나 한 가지 같은 게 있다면 그들 꽃들도 키우는 사람들의 관심을 온몸으로 감지하고 있다는 것. 물과 햇빛, 바람과 공기, 그리고 적절한 영양분 외에도 사람의 지극한 애정이 더해질 때 비로소 제대로의 생육을 도모하는 것. 산세비에리아의 꽃 피움, 그건 숨 막혔던 공간에서 벗어나게 해준 딸을 향한 감사의 몸짓이 아니었을까.

숨을 틔어줄 일이다. 틔어줄 숨이 어디 식물에만 해당된 일인가. 사람들 모두가 자기를 비워내고 덜어내고 낮출 때 비로소 타인이 숨 쉴 공간을 마련해 주는 게 아닐까. 하여 지극히 상식적인 사회가 되어 서로 어깨를 걸고 살 수 있게 되는 것을.

여러 가지 여론에 휩싸여 갈팡질팡하는 국가적 현안 문제들이 속히 해결되길 바란다. 정치, 경제, 사회, 종교, 예술 등의 문제들이 국민의 의견을 수렴한 뒤 존중을 바탕으로 원활히 풀려지길 바란다. 그리하여 온 국민이 막혔던 숨을 내리 쉬며 함께 웃을 수 있길 바란다.

(2010)

# 인생과 여행

늘 꿈꾼다. 누추한 삶의 옷을 벗어버리고 도약하고 싶다는 열망의 꿈을. 지금의 내가 아닌 새로운 내가 되어 살고 싶다는 꿈을. 그러나 이런 희망은 희망으로만 간직되기 일쑤다. 눈뜨기 무섭게 나를 기다리고 있는 일상사를 향해 달려가야 하고 그 일상사에 묻혀 내가 언제 그런 꿈을 꾸었는지조차도 의식하지 못하고 또 시간은 흘러가니까.

그러나 내면 깊숙이 자리잡은 의식은 시시때때로 내 일상에 반기를 들고 고개를 치켜들곤 한다. 그 양상도 가지가지여서 내 생체리듬을 와해시켜 감기몸살과 두통 견비통 요통을 불러일으키기도 한다. 어디 그뿐이던가. 새삼스러울 것도 없는 외로움의 강도를 높이기도 한다.

그럴 땐 정말 어찌하면 좋을지 몰라 괜히 집안을 왔다갔다 서성거리기도 한다.

이른 출근 길, 종합경기장 정문 앞을 지나노라면 늘 무리지어 서 있는 많은 사람들을 보곤 한다. 여행길에 나선 사람들이다. 나이 든 사람들도 있고 젊은이도 있다. 모두 환한 표정으로 즐겁게 담소하는 그들을 보노라면 나 또한 즐거워진다. 그리고 그들과 함께 여행길에 오르는 나를 상상해본다.

여행지가 어느 곳이든 상관은 없겠다. 일상사에서 벗어난다는 것만으로 설렘은 충분할 테니까. 그곳이 바닷가라면 좋겠다. 모래톱과 파도와 갈매기와 벗할 수 있을 테니까. 그리고 유서 깊은 산사라면 또 아니 좋을까. 이끼 낀 석탑에 가만히 손 얹으리라. 그리고 석탑이 견뎌낸 무구한 세월을 생각하며 우리 인생의 무상함을 생각하리라. 찰나 같은 인생을 영원처럼 착각하며 사는 우리들. 그 우매함을 탓하기 전에 두 팔 벌려 보듬으리라. 다독거려 주리라. 왜냐하면 너, 나 할 것 없이 우리는 부여받은 시간만큼 유하다 흔적도 없이 사라져야 하는 유기체니까. 정해진 시공에서 잠깐 반짝이다가 스러져야 하는 불빛 같은 거니까.

여행과 인생은 한 맥락으로 볼 수 있다. 여행도 출발이며 인생도 출발한다는 데서 같은 맥락을 이룬다. 새로운 곳을 찾아 떠나는 게 여행이고 모태로부터 나와 이 세상에서 새로운 출발을 시작하는 게 인생이 아니던가. 또한 여행과 인생은 기쁨과 슬픔, 실망과 좌절을 대동하기도 한다. 설렘으로 잔뜩 기대에 차 떠나는 여행이지만 어디 신나고 즐겁기만 하던가. 운송 기관에 따라 심한 멀미에 시달리기도 하고 물을 바꿔 먹다 보면 배탈이 나기도 하여 새로운 풍물에 접하기도 전에 지쳐버릴 수도 있지 않은가.

그리고 또 한 가지 여행과 인생은 언젠가는 출발점으로 되돌아간다는 점에서 동질성을 갖는다. 고향에서 상처받고 한없이 떠돌아다니다가도 문득 그리워져 기다려 줄 이도 없는 그곳으로 돌아가는 나그네와 무에서 태어나 유로 살다가 다시 무로 되돌아가는 우리네 인생.

우리들 모두는 유한의 시간 속을 여행하는 나그네임을 기억해야 하리. 그리고 언젠가는 무한의 공간 속에 우리의 육신을 풀잎처럼 눕히게 될 것임을. 또한 억겁의 세월 속에 티끌 되어 흩어질 것임을.

(2004)

# 아들의 발이 꽃처럼 예뻤어요

하루 4만 원씩 나오는 훈련비를 아껴 한 달에 80만 원씩 부쳐 드렸고 선수촌에서 매일 두 번씩 부모님께 전화를 드렸다는 효성스런 아들, 양학선. 그런 양학선도 온전히 착한 아들은 아니었다. 광주 달동네 단칸방에 살며 체조에 몰두했지만 가난과 훈련, 늘지 않는 실력을 못 견뎌 가출을 거듭했다. 그런 아들을 어머니는 포기하지 않았고 마지막으로 체조 스승 오상봉 감독 앞에 끌어다 놓고 이렇게 말했단다. "학선이는 오늘부터 내 자식이 아닙니다. 감독님께 맡길 테니 죽이든 살리든 마음대로 하십시오."

그때 오상봉 감독은 학선이의 계속되는 방황을 바로잡기 위해 이런 얘기를 했다고 한다.

'네가 체조 외에 다른 재주가 있어 이 힘든 세상을 헤쳐갈 수만 있다면 체조를 그만둬도 말리지 않겠다.' 그랬다. 체조선수로서 성공하기 위해 올인했던 그가 체조 외에 무엇을 할 수 있었으랴. 달동네 소년은 철봉에 매달려 하늘을 바라봤다. 멀고 아득하게만 느껴지던 파란 하늘. 10년의 세월이 흘러 소년의 꿈은 마침내 이루어졌고 하늘을 향해 맘껏 가슴을 펼칠 수 있게 되었다. 온 국민에게 두고, 두고 회자될 아름다운 얘깃거리를 남겼다. '아름다운 젊은이', '가슴이 따뜻한 젊은이', '효성스런 아들'로서의 그의 이름을 우리들 가슴에 새겨주었다.

전광판에 '7.40(기술 난도)'이 찍혔다. 도마 사상 가장 높은 난이도인 양학선의 이름을 딴 바로 그 기술, '양1'이었다. 구름판을 정면으로 밟아 공중에서 세 바퀴인 1,080도를 비트는, 양학선 그만이 구사할 수 있는 기술이었다.

다소 긴장한 표정으로 도움닫기 한 후 사뿐히 날아오른 양학선. 그러나 착지에서 두 발을 앞으로 내딛는 실수를 하고 말았다. 그때 난 금메달의 꿈은 사라지는 줄 알았다. 그러나 전광판에는 16.466점으로 1위라는 기록이 찍혔다. 그러나 경기가 끝난 것은 아니었고 2차 시기가 남아있었다. 1, 2차 시기의 점수를 합산하여 그 점수로 메달 빛깔이 결정되는 것이다. 그 짧은 시간이 몹시 길게 느껴졌다 그가 2차 시기에 또 실수하면 어쩌나 하는 걱정으로 가슴이 뻐근해졌다. 차라리 그 순간을 비켜가고 싶었다. 눈을 감고 싶었다. 그러나 그런 부정적인 마음을 없애려 '잘해낼 거야. 아무렴 잘해내고말고'라는 최면을 걸며 두 손을 모았다. 기도했다. '하나님, 하나님, 이번만은.'

그랬다. 그는 내 기대, 아니 온 국민의 기대를 저버리지 않았다. 7.00짜리 난이도를 택한 양학선은 완벽한 공중 연기를 펼쳤고 완전한 착지를 했다. 그 순간의 감격이란. 금메달을 확신한 양학선은 만세를 부르며 활짝 웃었다. 그리고 그의 연기를 지켜보던 다른 나라의 경쟁자들도 그의 금메달을 확인한 듯 점수가 나오기도 전 축하 인사를 건넸다. 조금 뒤 확인한 1 · 2차 시기 평균 점수는 16.533점. 2위인 데니스 아블랴진(러시아, 16.399점)을 여유롭게 따돌리고 금메달을 획득한 것이다.

경기를 끝낸 후 소감을 말해달라는 취재진에게 그는 대답했다.

"아직까지 실감나지 않는다. 체조에서 올림픽 첫 금메달인데 이상하게 아무 느낌도 없다."

그리고 재차 그날의 전략을 물었을 때 말했다.

"처음부터 양(학선) 기술을 쓰려고 생각했었다. 다른 선수들의 점수가 16.266 아래가 나오면 '여2' 기술만 하자고 했다. 그런데 다른 선수들이 그 점수를 넘겼기 때문에 내 기량을 모두 보여줄 수 있었다. 몸

풀 때도 혼잣말로 중얼거렸다. 2등을 한 러시아 선수에게 네가 잘해야 내 기량을 다 보여준다."고.

"2차 시기 때 몸이 가벼웠기 때문에 한 발만 짧게 움직이자고 생각했다. 그런데 몸이 깃털처럼 움직였다. 느낌이 진짜 깃털이었다. 몸이 잘 돌아가니까 완벽하게 꽂혔다."

그랬다. 양학선이 이룬 쾌거였다. 한국 체조가 올림픽에 처음 나선 1960년 로마대회 이후 52년 만에 이룬 낭보였다. 지난 8월 7일 영국의 노스그리니치 아레나에서 체조 사상 처음으로 태극기가 올라가고 애국가가 울려 퍼진 것이다. 아직도 개구쟁이 티를 벗지 못한 듯한 키 159㎝의 앳된 모습의 스무 살 청년 양학선.

이생의 부모와 자식은 전생에서의 채무자와 채권자의 관계가 이어진 것이란다. 그럴 법한 얘기다. 부모는 전생의 채무자며 아들은 채권자라는 것. 이생에 채권자로 태어난 자식은 부모에게 끊임없이 요구한단다. 희생과 사랑으로 그 빚을 변제해 줄 것을. 그렇기 때문일까. 대부분의 부모는 자식에게 갚아도, 갚아도 그 빚이 다 갚아지지 않은 양 주고 또 주면서 살고 있지 않은가.

그러나 양학선과 그의 부모는 전생에서 채권자와 채무자 관계가 아닌 애틋한 연인 사이가 아니었던가 싶다. 이생에 다시 태어난 그들이 그토록 서로를 깊게 배려하며 사랑하는 가족으로 만나 살고 있으니까 말이다. 그의 부모는 아들의 체력 보강을 위해 잘 먹이고 싶은데 돈이 없어 자주 고기를 사다 먹이지 못하는 걸 안타까워했다. 그래서 직접 붕어를 낚아다 고아 먹였단다. 그런 부모의 정성과 기대를 아들 또한 잘 알고 있었으므로 늘 감사했고 그 감사한 마음을 맘껏 표현하지 않았던가. 부모가 집 한 칸 없이 비닐하우스에서 기거하는 걸 항상 가슴 아프게 여겼던 아들은 활짝 웃으며 말했다. "금메달을 땄으니 이제 부모님께 좋은 집을 지어 드릴 수 있게 되었어요. 정말 기뻐요."

카메라가 고창군 공음면 양학선의 부모가 살고 있는 비닐하우스를 비췄다. 아들의 경기를 초조하게 지켜본 그의 부모, 금메달이 확정되자 어머니는 얼굴 가득 함박웃음을 지으며 흥분한 어조로 이렇게 말했다. "어유 장해라. 우리 아들. 우리 학선이가 오면 뭘 먹인다냐. 좋아하는 너구리를 먹일 거나. 아니면……." 그리고 인터뷰를 요청한 기자에게 이런 말을 했다.

"공중에서 빙글빙글 돌아내리는 아들의 발이 꽃처럼 예뻤어요."

세상 모든 아름다운 것들의 대명사인 꽃. 그랬다. 어머니는 아들의 발이 꽃처럼 예뻤다고 말했다. 어디 꽃만이랴. 꽃보다 더 아름다운 것들이 생각났다면 어머닌 아마도 그 말을 주저 없이 사용해 아들에 대한 그의 뜨거운 사랑을 표현했겠지.

그가 펼쳐 보였던 신기神技를 보면서 인간이 해낼 수 있는 가능성에 대해 생각했다. 인체가 연출할 수 있는 아름다움의 극치를 보았다. 어머니 말대로 발만 꽃처럼 예쁜 게 아니라 그의 온몸이 꽃이었다. 공중에서 활짝 피어나 매트에 살포시 내려앉은 금빛 찬란한 꽃송이였다.

(2012)

# 길을 가다 보면 중도 보고 소도 보고

어렸을 적 나는 이야기 듣기를 무척 좋아했다. 그래서 틈만 있으면 어머니께 늘 이야기를 해 달라고 조르곤 했다. 그 큰살림을 진두지휘하랴, 십일 남매를 키우랴, 아버지를 도와 방앗간과 규모가 적지 않은 미곡상 일을 하랴 무척 바쁜 어머니였지만 어머니는 한 번도 내 청을 거절하지 않으셨다.

하루 일과가 끝난 깊은 시각에도 어머니는 쉬 잠자리에 들지 아니하셨다. 어머니의 손길을 요하는 많은 일들이 기다리고 있었기 때문이다. 겨울 밤, '돌돌돌' 재봉틀 소리가 나면 나는 살그머니 부모님 방으로 건너가곤 했다. 돋보기를 쓴 아버진 신문을 읽고 계셨고 어머닌 형제들의 옷과 양말들을 앉은뱅이 재봉틀로 손질하곤 했으니까.

"왜 안 자고 건너오니?" 재봉틀 돌리던 손을 멈추고 나를 바라보시던 어머니.

"엄마, 그때 하던 얘기 아직 안 끝났잖아? 어서 해 줘잉."

어머니께 어리광을 부리면

"뭐였더라?" 하다 만 얘기가 얼른 생각나지 않아 엄마가 머리를 갸우뚱거리며 물으면 나는 콩새처럼 쫑알거렸지.

"총각이 길을 걷다가 만난 스님에게 물었잖아. 어디로 가야 파란 대문이 커다란 집, 사방팔방이 꽉꽉 막힌 집을 만날 수 있을까 하고 말야,"

"응, 맞아."

내 기억력이 신통하다는 듯 웃으며 하던 일을 밀쳐내던 어머니. 기다렸다는 듯 나는 얼른 어머니의 무릎을 베고 누우면 어머닌 내 머리를 쓰다듬으며 나와 눈을 맞추곤 했지. 실꾸리에서 실이 풀려나오듯 어머니의 이야긴 그렇게 겨울밤을 풀어내곤 했지. 행복과 느긋함으로.

주인공에 따라 때론 속삭이듯 가만가만, 혹은 진노함과 냉혹함으로, 혹은 귀기 서린 요사로, 어쩔 땐 간지럽도록 나긋나긋한 목소리의 여자가 되어 쏟아져나오던 그 얘기들이 얼마나 재미있었던지. 때론 두 눈에 눈물을 그렁그렁 담기도 했고 때론 무서움으로 파들파들 떨며 어머니의 품에 안겨들었지.

그때는 지금처럼 동화책이 흔할 때도 아니었고 또 텔레비전도 없었던 시절이어서 어머니께서 나에게 들려주신 이야기의 대부분은 어머니가 어렸을 적 외할머니께 들은 이야기나 언제부터인가, 누구에게서인가 진원을 알 수 없으되 있음 직한 이야기가 되어 온 동네에 퍼지고 물결처럼 흘러, 흘러 구전되어 온 이야기들이 대부분이었다. 그리고 조금 현대미를 띤 이야기라면 라디오에서 들은 연속극을 어머니 나름대로 각색해서 내가 알아듣기 쉽게 풀이한 것.

그런데 지금 생각해 보면 그때 그 유년 시절이 내가 가졌던 내 생애의 가장 행복한 시절이 아니었나 싶다. 의식주에 구애됨이 없이 우릴 유복하게 키우셨던 부모님의 경제적 능력 말고도 철부지 어린 딸에게 많은 이야기를 들려 주셨던 어머니의 그 사랑. 한 번 구사했던 이야기라도 펼칠 때마다 각색을 달리해서 지루하지 않게 내 귀를 달구던 어머니의 재치 있던 입담과 아련했던 그 눈빛.

"애야, 길을 가자면 중도 보고 소도 보게 된단다." 라며 일찍이 나에게 삶의 여정에 대해 말없는 교훈을 주던 어머니. 한평생을 살자면 기쁨도 만나고 슬픔도 겪게 되는 게 인생이니 기쁨을 만나도 지나치게 들뜨지 말며 슬픔을 만나도 너무 낙담하지 말라며 은연중에 삶의 지혜를 일깨워 주었던 어머니. 요즈음 힘든 일을 겪으면서 어머니의 그 말씀이 자꾸 생각난다. 어머니가 너무 그립다. 뵙고 싶다.

(2005)

# 마음 비우기 연습

세상만사가 마음먹기에 달렸다는 사실을 알고 있습니다. 그러나 그 말처럼 되지 않을 때가 많음을 절감합니다. 세상만사가 마음먹기에 달렸다는 말을 이렇게 해석할 수 있지 않을까요. 어떤 일에 처했을 때 그 일을 어떻게 해석하고 대처하느냐에 따라 그 일에 대한 각자의 생각, 즉, 행, 불행을 결정하게 된다는 말이 아닐까요.

객관적인 시선으로 보면 참으로 행복하달 수 있는 일도 행복이 아닌 평범한 일로 생각한다면 그 행복은 결코 행복이 될 수 없음이요, 동정을 받을 만한 불행한 일도 자신이 불행이라 여기지 않고 이겨낸다면 그 불행은 오히려 살아갈 수 있는 힘과 의지로 작용할 수 있을 테니까요.

친구로부터 가끔 이런 말을 듣습니다. "넌 참 속이 편하겠다. 어지간한 일은 허허거리며 잘 넘기니까." 여기서 어떤 친구는 한 수 더 떠서 내 취약점을 건드리며 약을 올리기도 합니다. "넌 그러니까 살이 찌는 거야. 늘 희희낙락이니 살이 안 찌고 배겨?"

그럴 때도 어쩝니까. 웃어버리고 말아야지요. 그러나 웃다가도 슬그머니 화가 나고 당할 수만은 없다는 생각에 이렇게 튕겨줍니다.

"그래, 나 살쪘다. 나 뚱뚱해지는 데 네가 보태준 것 있어?"

내 반격에 좌중은 또 자글자글 웃음을 터트립니다. 그러나 나라고 어찌 좋을 수만 있겠습니까. 표를 내지 않았을 뿐, 못된 성정이라 할 수 있는 성깔과 오기가 없음도 아니요, 그렇다고 타인에 대한 이해의 폭이 넓은 것도 아닌 게 바로 나임을 말입니다.

그러나 위에 열거한 것들은 겉으로 봐선 아무도 쉽게 눈치 채지 못할 속사람의 자격 기준이니 쉽게 들킬 일은 아니지요. 그러나 겉으로 드러난 환경이야 아무리 감추려 해도 감출 수 없는 게 아닙니까. 내 처한 환경이 누가 봐도 부러울 만큼 갖춰진 것이 아님에야 늘 허허거릴 수만은 없지요. 그렇다고 부족한 것에 대해 애달파한들 그 부족한 것이 채워질 것도 아니요, 이왕 채워질 것이 아닐 바에야 허허거리며 사는 게 훨씬 맘 편한 일이고 또 그렇게 살아보려고 노력하니 맘 또한 편해지더군요.

매사를 폭을 잘 잡아야 한다는 말, 어렸을 적 어머니께서 했던 그 말이 이젠 이해가 됩니다. 나 또한 어머니가 살아온 세월 가까이 다가가 보니 그 말에 공감을 합니다. 어떤 일에 처했을 때 그 일을 어떤 관점에서 보고 느끼고 처리하느냐에 따라 그 일의 결과가 결정된다는 것이지요. 생각하기에 따라 희망일 수도 실망일 수도, 낙관일 수도, 비관일 수도 있다는 그 말. 세상사 마음먹기에 달렸다는 말이지요.

그런데 말입니다. 아무리 폭을 잘 잡으려 해도, 세상사 마음먹기에 달렸다고 마음을 다독거리려 해도 서운하고 야속한 감정이 쉽게 가라앉지 않은 일이 있어 요즘 내 마음은 매우 불편합니다.

지난 8월 몸이 좋지 않아 수술을 받았습니다. 처음 검사한 병원에서의 결과가 좋질 않아 종합병원에 소견서를 써 주었고 그 병원에서 이틀 동안 여러 가지의 검사를 받았습니다. 그리고 정해준 날짜에 입원했고 수술을 받았습니다. 조금만 더 지체했으면 크게 염려할 결과를 초래할 수도 있는 상황이었지만 그래도 빨리 서둔 결과 수술은 잘 끝났습니다. 그리고 수술한 후의 상태 또한 염려한 것과는 달리 안심해도 괜찮겠다는 집도 의사의 말이 있었습니다. 그런데 몸의 호전에 반비례하여 마음은 자꾸 뒷걸음을 치곤하는 요즘입니다. 매사에 폭을 잘 잡으리라 생각하고 살아온 내 생활신조를 거역하는 장애물을 만난 것입니다.

그래서는 안 될 친구가 내 상황에 대해 냉담이라 오해할 수도 있을 담담한 반응을 보인 것입니다. 친구의 그런 태도에 대해 어떻게 해석해야 할지 한참을 허둥거려야 했습니다. 어찌 생각하면 세상의 많은 일을 경험한 사람다운 침착함이라 할 수도 있었고 매사를 대범하게 처리하는 성정이라 할 수도 있겠습니다. 그러나 친구의 태도를 아무리 이해하고 또 이해하려 마음을 다잡아 봐도 이해의 폭이 넓혀지지 않으니 괴롭기는 마찬가지입니다.

물론 그쪽 친구의 상황이 있었고 그 상황이 아팠던 내 입장보다 더 큰 무게를 두어야 할 일이었다 하더라도 조금만 신경을 써 주었다면 이렇게 오래까지 앙금이 남아있질 않았을 텐데 말입니다.

아, 그러나 이게 다 무슨 소용입니까. 무슨 부질없는 넋두립니까. 내 마음조차도 내 마음대로 할 수 없다는 걸 잘 아는 내가 아닙니까. 하물며 다른 세계에 살고 있으며 사고와 품성조차 전혀 닮은 곳이 없는 친구의 마음을 어찌 내 마음대로 휘두를 수 있으며 또한 그 마음을 가져다 쓸 수 있으리까. 내 뜻대로, 내 원하는 대로 따라 주지 않는다고 원망하고 또 미워하는 그 행위 자체가 얼마나 어리석은 일이며 또 횡포겠습니까. 그러나 말입니다. 친구라는 이름으로 묶인 사이라면 적어도 지켜야 할 예의와 관심은 서로가 표명하면서 살아야 하지 않을까요.

요즘은 연습을 합니다. 마음 비우기 연습입니다. 상대가 내 기대에 부응해 주지 않는다고 화를 내고 복닥거려 봤자 다치는 건 마음이요, 상하는 건 건강뿐일 테니까요. 이번 일로 우정을 파기할 순 없으니까요. 오랜 세월 동안을 단 한순간도 멈추지 않고 흘렀고 계속 흐르길 원하는 강물 같은 우정을 말입니다. 혼자서 다 삭이고 흔연스럽게 아무 일 없었다는 듯 허허거리며 웃어버릴 수밖에요.

자신에게 엄숙하게 타이릅니다. 나는 나일 뿐, 어떤 상대도 결코 나일 수 없다는 엄연한 사실을 늘 숙지하고 점검하길. 어느 누구의 마음도 내 마음처럼 가져다 쓸 수 없다는 것을 한시도 잊지 말길.

추석이 가까워졌습니다. 아침 내내 '쿵' '쿵' '쿵' 하는 소리가 들립니다. 아파트 위층에서 손 절구통에 마늘을 찧는 소립니다. 형편 따라 흩어져 사는 가족이 모일 그날을 대비한 준비의 소리, 잽싼 손길의 부지런한 주부의 소립니다.

햇살이 한층 더 투명해지는 요즘 가을이 잰걸음으로 우리 곁에 다가옵니다. 수채화 물감을 온 산야에 흩뿌리면서. 들바람, 산바람, 강바람, 바람이란 바람을 다 몰아서 온갖 풀꽃 냄새 풀풀 풍기면서. 하여 엉덩이 무거운 사람조차 온몸 스멀거려 견딜 수 없음에 집 밖으로 발걸음을 옮기게 하는, 이 가을날.

(2006)

# 6부

아주가의 꽃빛인 보랏빛, 그 보랏빛이 의미한다는 그리움, 그 그리움이라는 말 앞에 가슴이 먹먹해진다. 저려온다. 무엇을 해도, 무엇을 봐도 메울 수 없는 내 허망한 가슴 속에 에이는 듯 번져오는 그리움이라니.

# 우리는 지금 교가를 부르고 있다

고희가 훨씬 넘은 노인들이 초등학교 동창회에 참석했단다. 60년의 세월이 지났으니 어디 어릴 적 모습인들 제대로 남아있었으랴. 얼굴 곳곳에 핀 검버섯과 밭이랑처럼 굵게 패인 주름살, 그리고 머리 가득 내려앉은 흰서리, 그래도 그 정도는 약과라 할 수 있었단다. 어떤 이는 허리가 굽어 아이처럼 키가 줄어버렸고 또 어떤 이는 빠져버린 이 때문에 말할 때마다 빨간 잇몸이 드러나 참으로 애처롭고 초라해 보이기도 했단다.

그러나 이런 게 뭐 대수랴. 그들은 변해버린 서로의 모습에서 그 옛날의 친구들 모습을 떠올리며 긴가민가하며 서로의 이름을 묻고 또 물었단다.

“니가 참말로 영자란 말여? 방앗간 집 딸 내 짝궁이었던 영자란 말여?”

“그려, 내가 그 영자가 맞는당께, 가만 있어라 잉. 그러니께 넌 순자지? 순자가 맞지?”

그렇게 동창들은 서로를 확인하면서 손과 손을 붙잡았단다. 어릴 적 또랑또랑했던 맑은 눈 대신 흐물흐물해진 그 눈에 그렁그렁 눈물을 맺히면서 그렇게 반가운 해후를 즐겼단다. 그 옛날 함께 공부하던 교실 한 칸에 조촐하게 마련한 점심과 다과를 즐기면서 옛날얘기로 꽃을 피웠단다.

“영자야, 넌 졸업하자마자 중학교에 간다고 도시로 가버렸잖여? 거기서 또 고등학교까지 나왔담서? 결혼도 그 도시 남자랑 했다는 소식은 인편에 들었는디.”

“그려. 미안혀. 어찌저찌 살다 보니 고향 친구들한테 소식 한번 전하지 못하고 늙어버렸구먼.”

“근디 그게 어디 니 잘못이랑가. 고향에 남은 우리들도 살기에 바빠 매일반이었응께.”

삼삼오오 짝지어 앉아 이 친구 저 친구들과 얘기들을 나누다 보니 그들은 어느덧 그 옛날의 그들로 되돌아갈 수 있었단다. 그러다가 한 친구가 생각난다는 듯이 이렇게 물었단다.

"야들아, 그런디 너그들 우리 학교 교가 생각나능겨?"

"교가?"

그렇게 고갤 갸웃거리며 생각해도 쉬 떠오르지 않는 교가의 가사와 곡조. 서로의 얼굴을 바라보고 있는데 한쪽에 얌전히 앉아 있던 한 여자 동창이 조심스럽게 입을 열었단다.

"나는 생각나는디."

"뭐라고? 생각났어야. 어쩜 잊지도 않고 잘도 기억하고 있었는갑네. 어디 한번 불러보더라고."

여기저기서 부추기는 바람에 수줍게 일어난 그녀. 다른 이에 비해 아직도 고운 티가 남아있는 그녀. 진한 갈색 상의 재킷과 검은 긴 바지를 점잖게 차려입은 모습이었단다. 모든 시선이 그녀를 향해 집중되었고 갑자기 주인공이 된 그의 입을 통해서 나온 교가.

"동해물과 백두산이 마르고 닳도록 하느님이 보우하사 우리나라 만세……."

그랬다. 그녀가 교가라고 부른 그 노래는 교가가 아닌 애국가였던 것. 애국가 일절을 끝까지 열심히 부른 그날의 주인공에게 터진 박수소리.

"어쩜 넌 어쩜 그렇게도 교가를 잊어 뿌리지 않고 기억하고 있다냐."

"그렁게 말여. 참말로 용타 용혀."

그녀가 부른 게 「애국가」라는 걸 까맣게들 잊어버리고 그녀를 향해 모두들 칭찬을 아끼지 않았단다.

그리고 그날의 모임을 끝낸 후 그녀는 귀가했고 동창회에서 받은 찬사로 기분이 한껏 고조된 아내를 보고 80이 넘은 남편이 물었단다.

"임자, 동창회는 재미있었어?"

"그럼요. 그런데요, 오늘 내가 그 동창회에서 박수를 받았당께요."

"박수? 왜?"

"글씨, 그 친구들 우리 학교 교가를 하나도 기억하지 못하더랑께요. 그런디 내가 그 교가를 불렀지유."

"그래? 그럼 어디 임자네 교가 한번 들어보더라고."

남편의 말에 힘입은 그 아내가 목소리를 가다듬어 부른 그 교가는 다름 아닌 동창회에서 불러 칭찬받은 「애국가」 1절.

그 아내의 노래를 다 들은 남편은 고개를 갸우뚱거리면서 이렇게 말하더란다.

"임자네 학교 교가나 우리 학교 교가나 참 비슷하네 그려."

지금 우리는 교가를 부르고 있다. 군산사범학교 12회 동창회가 진행 중이다. 학교를 졸업한 지 올해로 꼭 반백 년인 50년째 되는 해이다. 익산 유스호스텔인 '이리온'에서 전주를 비롯한 익산과 군산 그리고 서울에서 모여든 동기 동창 67명이 모여 식순에 의해 교가를 부르고 있다. 동창인 구영환 씨의 클라리넷 연주에 맞춰 힘차게 부르고 있다.

'팔마에 뭉친 정기, 반공에 솟아. 종소리 우렁차게 열리는 아침, 다투어 모여드는 젊은 영재들, 나라의 빛이 되어 꽃을 피우리. 푸-른 띠 허리에 띤 자랑도 크다. 빛나라 우리 사범 군산의 사범'

지금 우린 타임머신을 타고 과거로의 여행길에 동참하고 있는 것이다. 거칠 것도 어려울 것도 없는 금방이라도 툭 터질 듯 풋풋한 나이, 열아홉으로 되돌아가 목청껏 교가를 부르고 있다.

그리운 우리의 모교인 군산사범학교. 병설중학교 3년과 사범학교 3년, 이렇게 6년의 시간을 우리들의 살과 뼈, 그리고 지성과 감성을 키워 준 모교. 눈을 감고도 훤하게 떠오르는 모교의 전경. 교문을 들어서면 정면에 보이는 교사와 왼쪽과 오른쪽에 각각 자리잡은 강당과 과학실. 그리고 정원사의 손을 빌려 잘 손질된 사철나무와 계절 따라 온갖 꽃을 피워 사춘기인 우리들의 가슴을 아련한 그리움과 아픔으로 부풀게 했던 그 정원. 과학실을 앞에 두고 언덕의 돌계단을 밟고 한참을 올라가면 산뜻하게 자리잡고 있던 도서관. 틈만 나면 달려가 서가에 꽂혀 있던 많은 고전들에 취하고 콧등을 간질이는 아까시나무 향에 마음을 빼앗겼던 곳.

그러나 1963년 2월 28일, 13회 졸업생을 끝으로 군산사범학교라는 명패를 내리게 되었다. 그리워도 찾아갈 수 없게 된 우리의 모교, 그래서 동창회 모임 때마다 함께 부르는 교가가 더욱더 애틋하고 감격스러운지 모르겠다. 각기 다른 곳에서 다른 모양새들로 살고 있는 우리들, 그러나 함께 모여 교가를 부르는 그 순간만은 너와 내가 아닌 하나가 되어 뜨겁게 결속될 수 있음에 어찌 감사하지 않으랴. 어찌 목울대가 뜨거워지지 않으랴.

(2012)

# 겸손으로 더욱 빛나길

몹시 흥분된 밤이었다. 그날 3월 29일은 미국 LA 스테이플스센터에서 국제빙상경기연맹 2009년도 세계 피겨선수권 여자 싱글 프리스케이팅 대회가 있는 날이었다. 그리고 간절히 원했던 대로 우리의 요정 김연아가 금메달을 목에 건 날이기도 했다. 131.59점을 기록, 전날의 쇼트프로그램(76.12)을 포함해 합계 207.71이란 높은 점수로 당당히 말이다.

토요일인 그 전날은 느긋하게 김연아의 경기를 지켜볼 수 있었는데 그날 29일은 사정이 달랐다. 주일이었기 때문이다. 오후 예배까지 다 마치고 집에 돌아온 시각은 4시 30분.

곧바로 TV를 켰다. 김연아의 경기 내용과 그 결과가 온종일 궁금했기 때문이다. 먼저 스포츠 중계를 주로 하는 65번에 초점을 맞춰 봤으나 원하는 방송은 볼 수 없었다. 속이 탔다. 불길한 생각마저 들었다. '혹시 결과가 좋지 않게 나온 건 아닐까'라는.

그래도 쉽게 포기가 되지 않아 정규 방송사로 채널을 돌려 봤지만 기대한 내용은 없었다. '틀림없어. 만약 김연아가 우승했다면 이렇게 조용할 수는 없을 게야.' 마음은 이미 포기하는 쪽으로 굳어지고 그러자니 힘이 쑥 빠질 수밖에. 저녁 먹을 시각이 훨씬 지났는데도 공복조차 느껴지지 않았다.

그리고 밤 9시, 뉴스가 진행되고 있었다. 그곳에 우리의 김연아가 있었다. 빨간 드레스의 아름다운 우리의 요정 김연아가. 빙상 위를 미끄러지듯 부드럽게 달리며 연기하고 있었다. 때론 강렬한 눈빛으로 활기찬 연기를, 때론 부드럽고 애절한 동작으로 관중을 매료하고 있었다. 드디어 트리플 액셀(공중 3바퀴 반)을 하기 위해 몸을 위로 솟구칠 때의 그 순간. 온몸에 소름이 돋았다. 가슴이 타들어가는 것 같았다. 어느새 나는 기도하는 자세가 되어 두 손을 움켜쥐고 간절히, 정말 간절히 바랐다. '제발, 제발 무사히 연기를 마치고 착지하기를.'

그랬다. 김연아는 우리의 기대를 저버리지 않았다. 그녀의 점프는 정확하고 힘이 있었다.

김연아의 점프는 부드러운 힘, 스피드까지 겸비했다는 평가를 받았다. 외신들은 이렇게 분석했다. '다른 선수들은 점프에 앞서 속도를 줄이지만 김연아는 달리는 속도를 유지하면서 점프한다.'고. 또한 '남자와 맞먹는 스피드로 도약하는 게 높은 점프를 유지하면서도 회전을 여유 있게 마치고 안전하게 착지하는 비결'이라고 평가했다. 힘이 스피드를, 스피드가 여유를, 여유가 완벽을 낳았다고 평가했다. 그녀의 표정 연기는 모든 연령층에게 공감을 주기에 충분했다.

김연아가 오늘의 영광을 차지하기까지 얼마나 많은 훈련을 거듭했는지 알게 됐다. 그녀는 1년에 300일을 훈련한다고 한다. 한 번 훈련할 때마다 30번 이상 점프한다고 하니 1년으로 따지면 9,000번. 점프 성공률은 80% 안팎. 1년 동안 점프하다가 넘어지거나 주저앉는 게 1,800번이나 된다고 하니 그동안 얼마나 많은 고통을 겪었을까. 지금까지 김연아를 괴롭혀온 고질적인 고관절 부상은 고난도 점프를 성공하기 위해 치른 대가라 한다.

시상대 위의 연아. 태극기가 올라가고 애국가가 울려 퍼질 때 그녀는 자꾸 눈물을 훔치고 있었다. 나 또한 흐르는 눈물을 멈출 수가 없었다. 선수라면 누구나 꿈꾸는 200점을 넘는 높은 점수를 얻어 우리 대한민국의 위상을 높인 그녀에게 힘찬 박수를 보냈다. 그리고 오늘의 그녀가 있기까지 그녀를 돌봐준 매니저인 어머니 박미희 씨에게도 축하와 격려와 감사의 박수를 보내고 싶다.

일곱 살의 어린 연아는 과천시민회관 실내링크 방학특강반에서 처음 스케이트화를 신었다고 한다. 그날 빙판 위를 신 나게 누볐던 어린 소녀는 앞으로 스케이팅을 계속하는 것이 얼마나 힘들고 고달픈 길이 될지 상상이나 했겠는가. 어머니인 박미희 씨의 얘기다. 연아에게 발레와 바이올린을 시켜봤지만 아이는 그것에 끌리지 않았다 한다. 그러나 연아는 피겨비디오를 보며 동작을 따라 하며 그 재능을 익혀 갔단다.

그때부터 모녀의 고생은 시작됐다. 연아의 재능을 이끌어줄 지도자를 찾는 일도 쉽지 않을 뿐더러 국내에는 피겨 전용 링크도 없는 실정이었다. 어머니 박미희 씨가 스스로 피겨 전문가로 거듭나지 않으면 안 되었고 조언자이자 가장 냉정한 코치가 되어야 했다. 처음부터 꿈은 세계 최고의 스타였다. 그 원대한 꿈을 이루기 위해 초등학교 4학년 때 혼자서 미국으로 전지훈련을 떠났다. 그 후 무서운 성장세로 각종 대회 우승을 거머쥐고 드디어 오늘의 세계 피겨의 여왕으로 등극했다.

오늘 다시 아홉 시 뉴스에서 그곳에서 앵콜 공연을 하는 그녀를 지켜보면서 간절한 마음이 되었다. 방청객 모두가 기립박수로 열광하며 각국 매스컴이 그녀를 칭찬하는 말과 기사로 넘치는 걸 보면서 빌어본다. 그녀의 승리 뒤에는 수많은 선수들의 아픔이 있다는 걸 잊지 말아

달라는 부탁을 하고 싶다. 자칫 승리에 취해 오만해질까 두려워지기 때문이다. 승자로서의 기쁨에 취해 패자의 아픔을 잊어선 안 될 것이다. 겸손한 마음으로 패자들의 손을 잡아 그들이 다시 힘을 내도록 도와주었으면 싶다

무엇보다 견제하고 두려워했던 선수는 2008년도의 우승자인 일본의 아사다 마오. 4위로 밀려나 시름에 잠길 그녀에게 따뜻한 손을 내밀어 위로해 주었으면 좋겠다. 그녀를 다시 일으켜세울 힘을 주었으면 싶다.

우리 국민을 비롯하여 온 세계를 열광시킨 그녀, 한동안 그녀는 빙판을 아름답게 지배할 것이다. 진정으로 바라기는 독무대가 될 빙판에서가 아닌 빙판 밖에서도 그녀가 여왕으로 등극하며 대접받길 원한다.

겸손과 결 고운 마음씨를 가진 아름다운 연아로, 자신을 위해 애쓴 코치 브라이언 오서와 안무가인 데이비드 윌슨의 고마움을 늘 가슴에 새겨 잊지 않는 연아로, 그녀를 키워준 조국 대한민국에 대한 감사한 마음을 늘 가슴에 담아 두는 연아로 말이다.

세계 선수권 우승으로 화려하게 2008, 2009년도를 마무리한 김연아의 목표는 1년 뒤의 벤쿠버 동계 올림픽을 향해 있다. 그날을 대비키 위해 또 끊임없는 훈련에 임해야 할 그녀에게 다시 한 번 힘내라는 격려와 박수를 보낸다. 200점 돌파라는 대기록에 스스로 짐이 되지

않도록 자신을 추스르면서 스스로의 페이스를 잘 유지하라고 당부하고 싶다. 나아가 모자란 부분의 보충에도 힘을 기울여야겠지. 그녀가 있어 며칠간은 참으로 행복했다. 신명이 났고 가슴이 벅차올랐다.

어느 시인이 농담처럼 웃으면서 하던 말이 생각난다.

"난 요즘 김연아 때문에 자괴감이 생겼습니다. 그녀는 피겨스케이팅만 잘하는 게 아니라 노래도 무척 잘하더군요. 그런데 난 이 나이 먹도록 무엇했는지 몰라."

평소에도 조크로 주위를 즐겁게 만들곤 하는 그 시인의 말을 듣는 순간 주위 사람들 모두는 큰 소리내어 웃었다. 그리고 속내를 들킨 것처럼 찔끔했다. 나 또한 노래 부르는 연아를 보면서 그런 생각을 했었기 때문에. 고운 음색으로 아름답게 노래하는 그녀 연아를 보면서 말이다. 가수 인순이가 부른 노래 「거위의 꿈」을.

> 난, 난 꿈이 있었죠.
> 버려지고 찢겨 남루하여도
> 그래요 난. 난 꿈이 있어요. 그 꿈을 믿어요. 나를 지켜봐요.
> 저 차갑게 서 있는 운명이란 벽 앞에 당당히 마주칠 수 있어요.

(2009)

# 활짝 웃을 수 있는 한 해가 되길

『교수신문』은 2012년의 사자성어로 파사현정破邪顯正을 선택했다고 한다. 지난해 12월 7일부터 16일까지 설문조사를 한 결과 응답자 281명 중 32.4%가 '파사현정'에 2012년 소망을 담았단다. 편법과 꼼수는 가고 정의가 바로섰으면 하는 마음에서 선정하게 된 것이다.

파사현정을 추천한 김교빈 호서대 교수(동양철학)는 "거짓과 탐욕, 불의와 부정이 판치는 세상을 바로잡겠다는 강한 실천의지가 담겨 있다."고 했다. 총선과 함께 대선이 맞물려 있는 금년을 염두에 두고 선택한 아주 적절한 말인 듯하다.

파사현정 다음으로 선택된 사자성어는 '생생지락生生之樂'으로 27.0%

였다. 생생지락을 추천한 박현모 한국학중앙연구원 선임연구원은 "생생지락은 조선 국왕 세종이 추구했던 좋은 나라의 조건이었다. 2012년에는 청년실업 등 우리 사회를 우울하게 만드는 직장문제가 잘 풀려서 모두가 살기를 즐거워하는 대한민국이 됐으면 좋겠다."고 이유를 밝혔다.

새해가 시작되면 우리들 모두는 간절한 마음이 되곤 한다. 이뤄지길 바라는 소망 한두 가지씩을 가슴에 품는다. 그리고 소망하는 것들을 위해 지난해를 반성하기도 하고 나름대로의 계획을 세우기도 한다. 사람에 따라 이뤄지길 원하는 것들이 각기 다르겠지만 우선 사회적 국가적 소망을 말하라면 나는 이렇게 답하고 싶다.

원칙과 상식이 살아있는 건강한 나라. 정의와 양심이 바로 서는 법치 국가. 지역주의와 이간질이 사라져 전 국민이 다정하게 사는 나라. 편법과 부조리, 사리사욕으로 점철된 정치세력이 완전히 제거된 나라 등을 들 수 있겠다.

좀 더 피부에 닿는 구체적인 소망을 말해 보라면 굶주림에 고통받는 사람이 한 사람도 없는 나라였으면 좋겠다고 대답하고 싶다. 하루 한 끼의 식사를 공급받기 위해 무료 급식소에 길게 줄을 서 있는 사람들의 모습을 보았다. 배식받은 밥을 허겁지겁 먹으며 한 노인은 말했다. "지금 먹는 이 밥이 오늘 하루 식사의 전부입니다. 이렇게 한 끼라도 따뜻한 밥을 배부르게 먹을 수 있어서 얼마나 고마운지 몰라요."

늙어가는 것도 서러운데 최소한의 생존권마저 보장받지 못하고 어렵게 살고 있는 노인들을 보면 안타깝기 짝이 없다. 다행히 기초노령연금제도가 있지만 그 기준이 까다롭고 또 그런 기준이 있어도 홍보부족으로 혜택을 받지 못하는 노인도 있다고 하니 딱하기 그지없다.

또한 하루아침에 정든 직장에서 버려지는 부당 정리 해고가 없는 나라였으면 싶다. 직장을 잃고 차마 가족에게 사실을 털어놓지 못한 채 출근하는 척 집에서 나와 거리를 헤매며 이리 기웃, 저리 기웃하는 어두운 얼굴의 가장을 화면에서 만났을 때 한참이나 시선이 고정되어 내일처럼 마음이 아렸던 기억.

등록금 걱정을 하지 않고 열심히 공부하는 대학생들로 가득 찬 캠퍼스였으면 좋겠다. 그들의 희망과 열기가 우리들 국민 모두에게 전해졌으면 좋겠다. 천정부지로 오르는 등록금을 해결하기 위해 두세 곳에서 아르바이트를 하느라고 정작 힘써야 할 공부 시간을 뺏기고 있다는 어느 대학생의 얘기를 접했을 때의 그 짠했던 마음. 등록금을 해결하지 못해 한 학기를 휴학하고 그 쉬는 동안에 열심히 번 돈으로 등록했고 또 다음 학기의 등록금을 마련하기 위해 휴학을 반복할 수밖에 없다던 어느 여대생의 쓸쓸한 얼굴.

돈이 없어서 병원에 가볼 엄두도 내지 못한 채 죽는 사람이 생기는 비정한 나라가 아니라 그런 사람들을 찾아내 치료할 수 있게 해줘서 사람을 살리는 건강복지정책이 잘되어 있는 나라가 되었으면 얼마나 좋을까.

오르는 전세금을 마련하지 못해 변두리로, 변두리로 자꾸 주거지를 옮겨야만 하는 현실이 너무 무섭고 원망스럽다던 어느 40대 가장의 어두운 그 얼굴에 웃음꽃이 활짝 피게 할 수는 없는 것일까. 병들어 가는 육신을 뉘일 작은 공간마저 마련하지 못하고 거리를 방황하며 한뎃잠을 자는 노숙자들이 없는 그런 우리 대한민국이 되었으면 좋겠다.

부자들은 법과 양심에 따라 세금 많이 내는 나라. 나아가 재벌들의 기부문화가 정착되어 사람답게 살지 못하는 가엾은 많은 사람들이 혜택을 받을 수 있는 나라가 되었으면 좋겠다.

4월 11일에 있을 총선이 이제 한 달여 앞으로 다가왔다. 신문과 텔레비전마다 총선 기사와 얘기로 시끄럽다. 치열한 경쟁을 뚫고 경선에 성공한 사람들의 당당한 모습과 더불어 실패한 사람들의 상심한 모습도 우리의 관심을 끌고 있다. 그러나 우리의 관심은 경선의 성공 여부와 그들이 펼치는 화려한 청사진에 머물지 않는다.

기도하는 마음으로 바라는 것은 누가 당선되든 간에 그들이 참정치인이 되었으면 하는 것이다. 국민을 섬기는 자세로 일할 수 있는 사람.

오로지 국가와 국민의 안위를 최우선으로 하는 양심적이고 소신이 뚜렷한 사람이 뽑혔으면 하는 것. 그래서 말도 많고 탈도 많은 우리나라의 정치사에 긍정적이고 희망적인 큰 획을 그어 주는 것. 지역감정을 초월한 공정하고 공평한 선거가 이뤄지는 것. 그리하여 우리가 원하는 사람, 꼭 필요한 사람이 당선되는 것.

더불어 사는 세상. 너와 내가 함께하는 세상. 금년 2012년은 국민들 모두가 서로 손잡고 그 잡은 손, 손마다에서 믿음과 사랑, 그리고 진한 행복을 느끼는 한 해가 되었으면 좋겠다. 파사현정과 생생지락의 사자성어에 꼭 맞는 한 해가 되었으면 좋겠다. 하여 큰소리로 활짝 웃을 수 있었으면 좋겠다.

(2012)

# '아주가' 꽃을 보며

이른 아침, 눈을 뜨자마자 베란다로 달려간다. 올망졸망 여러 개의 분들이 모여 사는 곳. 블라인더를 걷고 유리창과 방충망을 연다. 오늘따라 아침 공기가 유달리 상큼하다. 가슴을 펴고 한껏 들이마시는 달콤한 공기, 그 속에 4월이 한가득 녹아 있다.

"안녕? 애들아, 잘 잤니?" 일일이 눈을 맞춰가며 분 하나하나와 인사를 나눈다. 골고루 인사를 나눈 후 아주가 꽃에 오래오래 시선이 머문다. 내한성이 강하고 기르기 쉽다는 친구의 말에 힘입어 얻어와 심은 아주가. 땅 위로 기어 뻗는 포복경 식물의 성질을 따라 분 밖으로 둥글게 줄기가 뻗어나와 낭창낭창 너울대는 잎, 잎들.

어느 날이었던가. 물을 주다 머문 내 시선에 잡힌 가냘픈 꽃대, 그리고 하루가 다르게 몸피를 불려가며 높이를 더해가는 꽃대, 그 꽃대에 일정한 간격을 두고 잎이 솟았나 했더니 그 연녹색 잎들 사이로 원을 그리듯 둥글게 돌아가며 피운 보랏빛의 앙증스런 꽃들. 꽃잎은 한참을 눈여겨보아야 할 만큼의 작은 크기로 네 개의 꽃잎이 한 잎맥을 중심으로 나뉘어져 있다. 꽃의 중심부 하단에 점 같은 노란색의 수술과 암술, 수술과 암술을 중심으로 각각 반대 방향으로 방향을 달리하고 있는 두 개의 꽃잎과 하트 모양의 상단부 중앙이 갈라진 나머지 두 개의 꽃잎. 중앙의 암술과 수술을 중심으로 꽃잎이 원형을 이루어 송이를 이루는 다른 꽃들과는 다른, 평면성을 띤 게 특색이랄까. 그 평면성이 조금은 단조로운 듯싶으나 그 단조로움에 오히려 편안함이 느껴지는 꽃.

보통 개화 시기를 5월과 6월로 알고 있는데 일조량이 풍부한 남향 덕분인지 우리 집에선 한 달이나 앞서 꽃을 피운 것이다. 아름다움의 절정이라는 오월 중순쯤까지는 아직도 많은 날들이 남았는데 그때까지 지금 이 상태를 유지하기만을 바랄 뿐이다. 지금도 충분히 아름다운데 이보다 더 예뻐지길 바란다는 건 지나친 욕심일 테니까.

햇볕 받는 것을 좋아한다는 성질에 따라 받침대 가장 위쪽 중앙에 자리를 잡아 주고 날마다, 날마다 눈을 맞춘다. 그리고 생각해본다.

모든 꽃들은 그렇게 이름 지어진 데 그만의 이유가 있고 그에 따라 꽃말도 있다는데 아주가는 어떤 연유로 그런 이름을 지니게 되었으며 그가 지닌 꽃말은 무엇일까. 혹여 내가 원하는 대답을 얻을 수 있을까 하여 여러 가지로 조사해 보았으나 내가 원하는 만족한 대답은 얻을 수 없었다. 다만 그의 꽃말이 순결과 존엄이라는 것만을 알게 되었을 뿐. 그렇담 아주가란 특이한 이름은 어디서 비롯된 것일까. 가려면 모든 미련 다 끊고 다시 오지 못할 먼 곳으로 아주 가버리라는 뜻으로 지어준 이름의 아주가일까. 그러다가 문득 김소월의 시 「진달래꽃」을 떠올렸다.

나 보기가 역겨워
가실 때에는
말없이 고이 보내드리오리다.

영변에 약산
진달래꽃
아름 따다 가실 길에 뿌리오리다.

가시는 걸음걸음
놓인 그 꽃을

사뿐히 즈려 밟고 가시옵소서.
나 보기가 역겨워
가실 때에는
죽어도 아니 눈물 흘리오리다.

위 시 「진달래꽃」은 가슴 저미도록 아픈 임과의 이별을 그린 작품이 아니던가. 이별하기 싫은 임을 어쩔 수 없이 떠나보내야 하는 슬픈 여인의 마음. 붙잡아 보고 애원해 봐도 끝내 돌아서지 않는 임을 위해 마지막으로 보여준 여인의 그 사랑, 임이 밟고 갈 길 위에 진달래꽃을 뿌리고 그 진달래꽃을 밟으며 떠나길 원했던 그 마음, 아마 그 진달래꽃은 그동안 그 여인이 그에게 보내준 불 같은 사랑을 나타낸 것은 아니었을까. 끝나버린 사랑, 잔인하게 짓밟힌 사랑에 대한 핏빛 속울음을 묘사한 것은 아니었을까. 그리고 돌아올 리 없는 임에 대한 원망의 마음을 강렬하게 표현한 마지막 시구. '나보기가 역겨워 가실 때에는 죽어도 아니 눈물 흘리오리다.' 죽어도 눈물을 흘리지 않겠다는 모진 마음. 사랑의 농도가 짙었던 만큼 그 미움 또한 컸을 터.

순결과 존엄이라는 꽃말을 가진 아주가. 오늘도 아주가 앞에 선다. 받침대 중앙에 자리잡은 후 그 아름다움의 빛을 더해가는 아주가. 나날이 혼탁해 가는 세상, 물질만능주의가 판을 치는 세상, 이기심이 모든 윤리를 윽박지르며 앞서가는 세상에 순결과 존엄이라는 꽃말은 나를 생각에 잠기게 한다. 돌아보게 한다.

아주가의 꽃빛인 보랏빛, 그 보랏빛이 의미한다는 그리움, 그 그리움이라는 말 앞에 가슴이 먹먹해진다. 저려온다. 무엇을 해도, 무엇을 봐도 메울 수 없는 내 허망한 가슴속에 에이는 듯 번져오는 그리움이라니. 수시로 찬바람을 몰고와 들락날락하는 허방 앞에 흔들리기보담 차라리 한 송이의 바람꽃 되어 그리움에 녹아들고 싶다. 발버둥치고 싶다. 꺼이꺼이 목놓아 울고 싶다. 보라색은 그리움 외에 죽음의 슬픔이나 추억을 뜻한다는 말을 덧붙이긴 싫다. 그리움이란 말 속에 이 모든 것이 농축되어 있음이다.

화려하고 아름다운 온갖 꽃들 가운데, 언뜻 눈에 띄지도 않고 그 향기 또한 미미하여 남을 유혹하지도 않는 들꽃의 하나인 아주가. 나에게 왔으므로 내 꽃이 된 아주가. 오늘도 내 눈길 가득 받으면서 그렇게 찰랑거리고 있다. 눈부신 햇빛 속에 찰랑거리고 있다.

(2009)

# 봄날은 간다

이 노래를 아시나요?

'연분홍 치마가 봄바람에 휘날리더라 오늘도 옷고름 씹어가며…….'

그래요. 「봄날은 간다」의 일부분입니다. 하릴없이 멍하니 앉아 그녀를 생각하다가 나도 모르게 흥얼거려지는 노랩니다. 그러다가 목울대가 뜨거워지며 눈물이 왈칵 쏟아져나옵니다. 가슴이 저려옵니다. 끝까지 노랠 부르지 못하고 중도에서 그만두고 맙니다. 눈물을 훔치며 생각합니다. '무슨 청승이야. 다 그런 거지 뭐. 산 사람은 또 이럭저럭 살게 되는걸.'

그래요. 그녀가 떠난 지 오늘로 꼭 한 달 되는 날입니다. 오늘 아침 눈을 뜨자마자 날짜를 짚어 봤고 꼭 한 달이 되는 날이라는 걸 알았지요. 혼자 남은 그녀의 남편에게 전화를 걸고 싶었습니다. 다행히 그녀의 남편과 통화를 할 수 있었습니다. 이름을 말하자 금방 누구라는 걸 알아줘서 고마웠습니다. 정말 할 말은 많았지만 간추리고 또 간추린 정제된 몇 마디의 위로의 말과 힘내시라는 격려의 말로 통화를 끝낼 수밖에 없었습니다.

그래요. 그녀는 떠났습니다. 폐암 진단을 받은 지 4개월 만에. 그녀 남편의 말에 의하면 온 가족이 임종을 지켰답니다. 그리고 덧붙여 어린애 잠들 듯 그렇게 깨끗하고 아름답게 떠났다고 했습니다. 그녀의 죽음은 예고된 것이어서 우리 친구들 모두는 각오하고 있었지만 막상 그녀의 딸애에게서 부음을 전해들었을 때 가던 길을 멈추고 길가에서 한참이나 넋 나간 사람처럼 우두커니 서 있어야만 했습니다.

장례식장에서 마지막으로 만난 그녀, 고운 한복을 입고 활짝 웃고 있던 예쁜 그녀의 모습. 그녀의 영결식이 있었던 3월 7일, 인후동 신동교회 앞 뜰. 그녀의 떠남을 슬퍼하는 여러 지인들의 애도 속에 목사님의 고인을 위한 말씀이 있었고 그 말씀이 끝난 후 그녀를 위한 조사를 읽었습니다. 전날 밤 늦은 시각, 유족의 부탁으로 먹먹한 슬픔 속에 쓴 글이어서 엉성한 부분도 많겠지만 첨삭을 가하지 않은 채 그대로 실어 보렵니다. 그녀가 틀림없이 들었음을 의심치 않음으로 말입니다.

## 사랑하는 미순 언니를 보내며

사랑하는 유미순 권사님! 아니 평소에 불렀던 것처럼 그냥 미순 언니라 부르렵니다.

미순 언니! 오늘 이 자리가 언니를 마지막으로 보내야 하는 영결식 자리라는 게 아무리 생각해도 믿기지 않고 원통하고 또 허망해서 가슴이 메고 또 멥니다.

사랑하는 언니! 무엇이 그리 급해 이승과의 모든 인연의 끈을 그리 쉽게 놓아버리고 허허롭게 떠나시려 합니까. 남은 가족의 애통과 몸부림을 어찌 나 몰라라 하며 그리 매정스럽게 떠나려 하십니까.

그토록 사랑했던 남편과 아들 영찬이와 딸 하나, 그리고 며느리와 사위, 또 눈에 넣어도 아프지 않으리라는 손녀 셋을 남겨 두고 외롭고 먼 그 길을 어찌 그리도 성급히 떠나려 하십니까.

우리 믿는 사람들 모두는 하늘에 소망을 두고 살고 있으며 이 세상에 머물다 가는 짧은 시간을 하나님께서 허락하신 잠시 동안의 소풍이라 생각하고 있지만 그래도 언니는 너무나 성급하셨습니다. 사랑하는 가족과 형제자매 교우, 그리고 친구들 곁에서 더 많은 시간을 함께하며 기쁨과 웃음을 나눌 수도 있었는데…….

언니! 언니와의 지난날을 되살려 봅니다. 직장인 학교에서 만나 30여 년을 한결같은 우정을 쌓아 올 수 있었던 것은 언니의 아름다운 성품과 올곧은 인격 때문이었습니다. 주위를 따뜻하게 감싸안았던 포용력과 이해심은 우리들 모두를 언니 곁에 모이게 하는 힘이 되었고, 웃음 전도사 역할을 유감없이 발휘했던 재치와 유머는 평온과 기쁨 그리고 활기를 더해 주었습니다. 바쁜 일로 어쩌다 언니가 불참한 날은 분위기가 가라앉고 썰렁하여 맥이 빠지곤 했습니다.

남을 활짝 웃게 해 줄 수 있는 능력이야말로 하나님께서 부여해 주신 크나큰 달란트요, 축복이라 생각하고 늘 언니를 부러워했는데 이젠 어디서, 그 웃음을 되찾을 수 있단 말입니까. 언니의 그 재담과 덕담을 들을 수 있단 말입니까.

아름다운 목소리로 찬양을 통해 하나님께 영광을 드렸던 언니! 시무하고 있는 교회를 위해 기도하기를 쉬지 않았으며 기름을 준비하여 신랑을 기다렸던 현명한 다섯 처녀처럼 늘 깨어 있기를 원했던 언니! 하나님의 사랑받는 딸이 되기 위해 자신을 늘 비우며 그 자리에 하나님의 귀하신 말씀 채우기를 갈망했던 언니!

"고통 없이 가게 해 달라고 기도해 줘."

지난 2월 중순, 네 번째 병문안을 갔을 때, 초췌해진 얼굴로 우리들 모두를 올려다보며 언니가 하던 말을 잊을 수가 없습니다. 얼마나 힘들었으면 그런 부탁을 했겠습니까. 언니! 그때 눈물을 흘리며 언니를 지켜보면서 전 참으로 제 자신이 미웠습니다. 언니를 좋아하면서도 언니를 사랑하면서도 언니의 그 고통을 나눠 가질 수 없는 상황에 그저 가슴만 답답하고 아득할 뿐이었습니다.

언니! 많이 아프셨나요? 이젠 그 고통 모두 벗어버리니 좋으신가요?

사랑하는 언니! 미순 언니! 남은 모든 사람들은 언니를 오래오래 잊지 않을 것입니다. 기억하고 또 기억할 것입니다. 언니의 그 아름다운 모습과 미소, 그 웃음소리와 덕담을.

오늘 이 자리에 저희 남은 사람들 모두는 깊이 소망하고 또 믿습니다. 비록 육신의 허물을 벗고 우리들 곁을 떠났지만 그 영혼은 가볍게 아주 가볍게 날아올라 하늘나라, 천국에 이를 것을. 그리하여 하나님 품에 안길 것을. 이 세상에 살면서 하나님의 딸로서 귀히 쓰임받은 만큼 하늘나라에서도 그 값어치를 인정받을 수 있으리라 믿습니다. 안녕히 가세요. 고통스러웠던 이승의 것, 가볍게 떨쳐버리고 미련 없이 웃으며, 웃으며 훨훨 날아오르세요. 가볍게, 가볍게 날아오르세요. 사랑합니다. 사랑합니다.

'꽃이 피면 같이 웃고 꽃이 지면 같이 울던 알뜰한 그 맹세에 봄날은

간다.'

봄날이 가고 있습니다. 그녀에 대한 추억을 싣고 그리움을 싣고 그렇게 봄날은 가고 있습니다.

(2008)

# 진도대교 밑 울돌목을 흐르는 충혼의 넋을

정한 시각이 가까워지자 하나둘 모여들기 시작한 우리 회원 열한 명은 영호남수필문학회 모임이 있는 진도를 향해 원행 길에 나섰다. 스치는 듯 뒤로, 뒤로 달려가는 우리의 산야는 언제 봐도 유정했다. 바람결에 몸을 눕히는 들풀과 꽃들이 우리들에게 잘 가라는 듯 손을 흔들고 밭에 엎드려 일하는 아낙네의 굽은 등은 햇빛을 받아 하얗게 빛나고 있었다.

옹기종기 모여 고갤 맞대고 있는 인가와 누렇게 익은 벼들, 소를 몰고 가는 농부의 게으른 걸음걸이며 은빛 비늘로 부서지는 냇물. 성질 급한 나무들은 벌써부터 울긋불긋 가을 옷으로 치장하느라 바빴다.

우리들은 그 모든 풍경을 가슴에 꼭꼭 싸안으며 느긋함과 기쁨으로 한껏 들떠 있었다.

출발한 지 두 시간여. 허기를 느낀 우리들은 휴게소에서 간단한 점심을 마친 후 목포와 해남을 지나 드디어 진도대교로 진입했다. 진도대교는 진도군과 해남군 사이의 좁은 해협인 울돌목 위에 놓인 연륙교로 진도의 관문.

1981년 4월 27일 기공식을 갖고 1984년 10월 18일 준공됐다고 한다. 하지만 32t 이상의 차량통행이 곤란한 2등교로서, 진도 농산물이 뭍으로 원활히 수송되기에는 어려움이 있었단다. 이에 따라 1999년부터 제2진도대교 건설이 제기되어, 2005년 12월 15일 쌍둥이 다리로 개통되었으며, 기존의 진도대교는 1등교로 보강하였단다. 또한 진도대교는 진도의 동맥 역할을 하고 있으며, 낙조와 야경이 아름답고 다리 아래의 울돌목 물살이 장관을 이루어 관광자원으로 각광을 받고 있단다.

우리 일행은 진도대교를 지나 진도로 진입했고 행사 장소인 향토문화회관으로 향하면서도 내 마음은 자꾸 진도대교 아래를 흐르는 울돌목 물살에 머물고 있었다. 울돌목! 임진왜란 때 이순신 장군이 적군인 왜군과 맞서 치열한 싸움을 벌인 격전지가 아니던가. 행사가 끝난 후 귀가한 나는 인터넷에서 자료를 수집해보았다.

'명량대첩'이 이루어진 곳. 1597년 9월 15일 이순신은 대규모 일본군 함대가 서쪽으로 이동을 시작했다는 소식을 접하고 벽파진에 있던 조선 수군 전 함대를 해남 땅 전라우수영으로 모두 이동시켰다. 그리고 다음 날, 이순신은 대규모 적선이 공격해 오고 있다는 급보를 받았다. 이순신은 여러 요소를 고려하여 명량해협−13척의 전선으로 대규모 적을 막을 수 있는 곳−을 선택했다.

명량은 해남과 진도 사이의 좁은 물길로, 길이 1.5킬로미터의, 좁은 곳은 폭이 500여 미터가 채 안 되는 곳이다. 드디어 조선 수군이 출정했다. 13척의 판옥선 뒤에는 민간 어선들이 뒤따랐다. 전투 소식은 인근 백성들에게도 퍼졌다. 진도와 해남의 육지를 바라보던 백성들은 눈을 질끈 감고 말았다. 울돌목 격류 위에 늘어선 조선 판옥선은 겨우 13척, 조류를 타고 울돌목으로 접근하는 일본 배는 얼핏 보아도 100여 척이 넘었다. 그 뒤로도 얼마나 많은 배가 있는지 끝이 보이지 않을 정도였다.

승산이 없는 싸움이었다. 어떻게 13척의 판옥선으로 그 많은 왜군을 맞아 싸운단 말인가.

이순신은 지금의 진도대교 근처에서 일자진을 형성한 채 적을 기다리고 있었다. 물살은 거셌다. 목포 쪽으로 흐르는 역류는 자꾸만 조선 함대를 뒤로 물러나게 했다. 이길 수 없는 싸움이었다. 이순신은 긴장하는 빛이 역력한 군사들에게 말했다.

"필사즉생, 필생즉사必死則生, 必生則死 죽기를 각오하고 싸우면 살 것이요, 살기를 작정하고 싸우면 반드시 죽을 것이니라!"

귀에 쟁쟁하다. 그날 명량대첩에서 군사들을 독려하기 위해 외쳤던 이순신 장군의 그 말이. 필사즉생, 필생즉사.

모든 전황이 우리 수군에게 불리했던 명량대첩, 그러나 승리로 이끌 수 있었던 것은 이순신 장군의 기지와 정확한 판단 때문이었다. 군사들을 일사분란하게 지휘할 수 있는 장군으로서의 능력은 물론이려니와 접전지에 대한 정확한 판단을 내릴 수 있었기 때문이었다. 명량은 물길이 좁아 아무리 적이 많이 몰려온다 해도 실제로 전투를 벌일 수 있는 적선은 10여 척 내외로 제한될 것이라는 판단과 조류의 방향이 아군에게 유리해진다면 쉽게 적을 밀어붙일 수 있을 것으로 생각한 점, 그리고 적에게 포위될 염려가 없었다는 점도 들 수 있었다. 또한 그곳은 암초가 많은 지형이라 물길을 잘 아는 조선 수군이 유리하다고 판단했기 때문이었다. 그리고 무엇보다, 수적 열세의 아군 전력을 가장 잘 집중할 수 있는 곳이었기에 이순신은 명량을 선택했고 또 승리로 이끈 것이었다.

오늘도 이른 아침에 배달된 신문을 읽는다. 1면 상단의 큰 글씨의 기사 제목들.

'주식 사두면 1년 내 부자된다.', 이 대통령 부적절한 발언, 북 개성공단 '철수 명단' 요구, 그리고 31면의 사설난. '진정 북한 주민들을 위한다면', '차마 전하기 두려운 대통령의 허언虛言', '이제 극우 인사를 직접 교단에 세우겠다니'

우울하다. 신문을 보기 두렵다. 어느 한 면 신 나는 일, 좋은 일이 실린 곳은 없다. 야당성이 농후한 신문이라 하지만 그래도 한두 면쯤은 우리 독자들에게 희망적이고 미래 지향적인 기사를 실어줄 수 없는지 원망스런 마음조차 든다.

현 정부의 실정을 낱낱이 파헤치고 응징하는 기사만 남발한다. 정부요원의 비리가 하나하나 까발려진다. 또한 서민 경제는 나날이 어려워져 살기가 팍팍하다는 한숨 소리만 여기저기서 터져나오곤 한다.

정말 이래선 안 되는데 라는 절망감에 힘이 쑥 빠진다. 그리고 가만히 눈을 감아본다. 희망해 본다. 이런 난세일수록 꼭 필요한 사람, 그 사람은 누구인가. 그렇다. 정말로 나라를 걱정하고 나라를 위해 자신을 던질 수 있는 몇 사람의 의인만 있어도 이렇게 혼란에 빠질 수는 없으리라는 생각을 해본다.

학창 시절 외운 시와 시조 중에 가장 자신 있게 외웠던 시조 한 수.

한산섬 달 밝은 밤에 戍樓에 혼자 앉아

큰 칼 옆에 차고 깊은 시름 하는 차에
어디서 一聲胡笳는 남의 애를 끊나니.

이순신 장군의 시조다. 깊은 우수와 고뇌를 담고 있다. 조정은 전쟁 중인데도 파쟁을 일삼고 있는 그때. 한 치 앞을 가늠할 수 없는 나라의 운명을 걱정하며 홀로 적군에 맞서지 않으면 안 되었던 장군의 마음 풍경을 고스란히 담고 있는 시조다. 죽도록 외롭고 괴로웠을 장군의 마음을.

지금 우리나라의 형국이 꼭 전쟁을 치르고 있는 듯하다. 살상무기를 동원하여 접전하며 피 흘리는 전쟁은 아닐지라도 국민들 모두가 나름대로의 극심한 마음 전쟁을 겪고 있음이다. 어수선한 사회분위기와의 전쟁, 나날이 힘들어져가는 경제생활과의 전쟁, 10년 전의 경색된 남북관계로 되돌아가는 게 아닌가 하는 염려와 조바심과의 전쟁, 자꾸 현실과 괴리되어 가는 교육정책에 대한 전쟁.

환청으로 듣는다. 이순신 장군의 명령 소리를.

"전 함대! 출동을 준비……방포하라."

"불화살을 쏴라!", "조란탄을 준비하라!"

그리고 우리 수군들의 승리의 함성을 듣는다.

"적장이다! 적장이 물에 빠졌다!"

오늘도 여전히 흐르고 있겠지. 진도대교 밑의 울돌목 거센 물살이. 그리고 그곳 진도 사람들은 생각하리라. 명량대첩을. 그리고 손 모으며 겸허하게 옷깃을 여미리라. 우리의 삶이 아무리 각박해도 좌절해서는 안 되리라는 것을. 우리의 선조들이 우릴 위해 뿌린 피의 열매를 헛되이 해서는 안 되리라는 것을. 그리고 나 또한 오래오래 기억하리라. 진도대교 밑 울돌목을 흐르는 충혼의 넋을.

(2010)

# 그녀, 펄벅은

내가 그녀를 다시 만난 건 경기도 부천시 소사구 심곡본동 566-9번지에 자리하고 있는 '펄벅기념관'에서였다. 전주문협에서 '제부도 문학기행'을 떠난 지난 4월 26일, 우릴 기다리고 있던 부천문협 회원 여섯 명과 합류하여 변영로 시인의 시비를 찾아본 후 오후 3시가 넘은 시각.

학창 시절 처음으로 그녀를 만났다. 그녀의 작품을 통해서였다. 빈농으로 입신하여 대지주가 되는 왕룽을 중심으로 왕룽의 아내 오란과 세 명의 아들들의 역사를 그린 그녀의 작품 『대지』를 읽고 과연 노벨문학상을 탈 만한 좋은 작품이라는 감탄을 했을 뿐 그녀를 까마득히 잊고 살았다. 그런데 그날, 펄벅기념관에 도착하여 그녀의 면면을 살펴봄으로 내 생각을 재정리하게 되었던 것.

그녀는 불후의 명작을 남긴 소설가였다는 사실 말고도 비정한 현대를 살아가는 우리들에게 말없는 교훈을 남기고 간 휴머니스트였다. 여사는 생전에 '소사희망원'을 세워 전쟁고아와 혼혈아 2천여 명을 돌봐주었고 그것을 인연으로 부천시와 인연을 맺어 개관한 게 그 날 우리가 방문한 '펄벅기념관'이었다.

고아라는 이유로, 혹은 혼혈아라는 이유로 주위의 냉대와 무시, 그리고 어려운 생활을 해야 했던 그들, 그들의 괴로움과 슬픔을 덜어주기 위해 기울였던 그녀의 노력과 애정은 우릴 부끄럽게 한다. 제가끔 나 살기에 바빠서 어쩔 수 없었노라고, 고아나 혼혈아 문제는 범국가적인 문제지 개인이 관심 갖기엔 역부족이라고 한다면 할 말은 없겠다. 그러나 우리가 감히 생각지 못한 일을 훌륭히 해낸 그녀에게 큰 박수는 보내야 하리라. 그리고 미안한 마음과 자성의 시간도 가져야 하리라. 자국도 아닌 남의 나라 현실에 관심과 애정을 가지고 펼친 그녀의 진정한 사랑 앞에 어찌 감사의 박수를 보내지 않으랴.

기념관을 돌아보는 우리들에게 안내원 아가씨가 들려준 '소사희망원'을 세우게 된 동기는 이러하다. '여사가 한국과의 인연을 맺게 된 동기는 그녀가 2차 대전으로 미국의 OSS에서 중국 담당으로 들어온 때부터였단다. 당시 한국 전문으로 오게 된 유한양행의 창업자이기도

한 유일한과 중국에 관한 이야기를 나누면서 한국에 호감을 가졌단다. 그리고 그것을 계기로 유일한의 아내인 중국계 미국인인 호미리와 친분을 쌓게 되었고 호미리의 지원으로 유일한의 땅을 기증받아 세운 게 심곡동에 있는 '소사희망원'이라고.

펄벅기념관에는 여사의 활동 모습이 담긴 사진과 여사의 일대기가 담긴 비디오, 초상화 및 여사가 사용했던 타자기와 책상 등 많은 유물이 전시되어 있었다. 펄벅기념관의 개관 후 혼혈인들의 희망으로 떠오른 미국 풋볼 영웅 '하인스워드'가 우리나라를 다녀간 이후 3만 5천 명으로 추산되는 국내 혼혈인들도 큰 관심을 가지고 있다 한다.

부천시에 펄벅 기념관이 있으리라고는 생각지도 않았는데 문학기행으로 그 곳에 갔을 때 무척 반가운 생각이 들었다. 친분이 두터웠던 친구를 오랫동안 만나지 못하고 지내다가 우연한 기회에 조우할 수 있었던 것처럼 말이다.

세상에 태어나서 주어진 운명에 의해 일생을 살다가 때가 되면 사라져야 하는 우리들 평범한 사람들. 살면서 누리던 모든 걸 다 놓아버리고 빈손으로 떠나야 하는 허적한 혼자만의 그 길. 그리고 차츰 사람들 머리에서 사라져 점 하나의 흔적조차 남기지 않을 터. 허나 펄벅은 오래오래 기억될 것이다. 그녀가 남긴 작품과 사랑이란 이름으로. 세월에 관계없이, 인종을 초월하여.

문학기행을 마치고 돌아오는 길. 귀가를 서두르며 달리는 버스 안, 왁자지껄 웃으며 떠들며 담소하는 회원들의 모습을 지켜보며 새삼스레 가슴이 부풀어오름은 문학기행을 통해 굳어진 회원 간의 결속 때문만은 아니었다. 우리에게 일깨워준 그녀, 펄벅의 참모습을 대할 수 있었음이다. 세상은 나만이 아닌 '너와 나, 그리고 우리들'이 함께 살아야만 비로소 그 가치를 발할 수 있다는 평범한 이치를. 더불어 살면서 남의 아픔에 귀 기울이고 그 상처를 어루만질 때 사랑의 진가는 비로소 그 빛을 발할 수 있음을.

뒤로, 뒤로 밀려가는 풍경이 어둠에 잠기고 산 밑 작은 마을에선 하나둘 불빛이 반짝이기 시작했다.

(2005)

| 작품해설 |

# 체험의 보편성과 개별화의 거리

## – 김은실 수필집 「불꽃 되어」를 읽고

허 소 라 (시인, 군산대학교 명예교수)

**1**

우리는 한동안 수필의 정의를 '… 붓 가는 대로 써지는 글' 이라거나 나아가 '수필은 청자 연적', '수필은 곶감' 등 모호한 비유로 처리해온 바가 있다.

그러나 수필도 문학의 한 장르로서 이를테면 '두괄식', '미괄식' 등 여러 기법이 구사되며 시나 소설 못지않은 가열한 주제가 내재되기도 한다. 이른바 문학의 언어가 타락 속에서 진실에 이르려는 몸부림이라고 할 때 수필도 이 범주에서 한가로울 수만은 없을 것이다.

흔히 독자들은 한 편의 글에서 자신의 일상적 체험이나 상상력과 눈높이가 같음을 확인했을 때 우월감과 함께 지대한 관심을 기울이게 된다. 그러나 문학은 독자의 일상적 공감대에 협조하기보다 그 일상적 체험을 혁파하고 작가가 제시한 낯선 체험과 그 집짓기에 고행하는 심정으로 동참함으로써 작가와 독자는 공히 승자가 될 것이다.

## 2

김은실 수필가의 두 번째 수필집을 읽으면서 새삼 '글은 곧 그 사람'이라는 말이 떠올랐다. 그는 천성적으로 문인일 수밖에 없어 보인다. 그가 문학의 길을 선택했다라기보다 거꾸로 문학이 그를 끌어안았을 것만 같다. 우선 문학에 임하는 심성 자체가 그렇다.

여러 수필작품들을 읽다 보면 작품의 완성도를 위해 다소 픽션이 가미되기도 한다. 널리 읽히고 있는 피천득의 「인연」도 그 한 예가 될 것이다. 그러나 김은실의 수필을 정독해보면 거의가 산 체험을 기반으로 하고 있다. 물론 산 체험, 그 자체는 소재일 뿐 그가 곧 작품일 수는 없다. 다만 자신이 살아온 과정이 그만치 정갈하고 투명한 데서 오는 구애없는 제재 선택 때문이 아닌가 한다.

다음 작품을 보자.

주택가를 지나가다 담 너머 골목 밖으로 늘어진 감나무를 봤습니다. 그런데 그날따라 가볍게 일별하고 지나칠 수 없는 건 가지가 휘어져라 다닥다닥 붙어 있는 그 감들의 녹황빛 때문이었습니다. 반쯤은 녹색으로 남겨둔 채 나머지 반만을 주황빛으로 물들인 감들, 머리 들어 올려다 본 하늘은 온통 푸른색이었습니다. 녹황빛과 푸른빛의 대비, 그 정경이 한 폭의 수채화가 되어 내 마음에 고여왔습니다.

―「내 고향의 수채화」중에서

본 수필집의 첫 작품, 첫 대목이다. 여기서 표현된 '녹황빛'이나 '주황빛'은 단순히 가을이 되어 익어가는 감들의 색상 묘사, 즉 가을의 정취를 그리려는 게 아님을 알게 한다.

이 주황빛은 27년 전 3남매를 두고 먼저 떠난 아빠와의 추억을 떠올리게 하는 배색背色이었던 것이다. 이 떠올림 또한 자의에 의해서가 아니라 '망설이지 마, 빨리 가 봐, 아직 그대로인걸'하는 바람의 속삭임을 통해서다.

온 가족을 들뜨게 했던 다섯 나무의 감들, 여름내 뜨거운 햇살과 바람과 빨아들인 수분으로 살 오른 감들이 주황빛 되어 그 투실함을 자랑할 땐 우리 가족 모두는 아련한 눈빛이 되곤 했습니다. 올려다봐야 하는 감들의 높이와 쏟아져내려오는 빛으로 제대로 눈을 뜰 수 없었기 때문이

었지요, 두 눈의 조리개를 한껏 줄인 망막 속에 잡힌 그 빛, 주황빛의 감, 감들

"아빠, 저기 저기요."

―「내 고향의 수채화」중에서

이 '주황빛'은 바로 아내와 3남매가 함께 누렸던 사랑과 풍요의 상징이다.

위 몇 줄의 인용구는 한 편의 수필이라기보다 마치 산문시에 가까우리만치 미문美文이다, 따라서 그 글의 생명은 단순한 아빠에 대한 회억기로 끝맺지 않는 데 있다.

작가는 마무리 부분에서 '자지러질 듯 괴로운 지난날, 망각이란 은혜로움이 없었다면 어떻게 되었을까요. 언제까지나 괴로운 심연에서 빠져나오지 못하고 허우적거렸을 것입니다.'라고 술회하고 있는데 이때 '망각'이란 영원히 지운다는 뜻이 아니다. 그 에너지를 남은 3남매에게 쏟는다는, 오히려 그것이 아빠를 위하고 또 아빠도 그것을 원하고 있을 것이라는 확신에서다. 때문에 이 글의 마무리는 도입부에서의 '주황빛'(가을)이 아니고 희망의 상징인 '진달래, 달리아'(봄)로 매듭을 짓고 있다. 아래 예문이 그것이다.

퇴근 후면 꽃이 좋아 늘 꽃밭에서 살았던 그이와 우리 가족, 빨강과 진달래빛 큰 얼굴의 달리아 사이로 함박웃음을 웃으며 폼을 내며 서 있던 내 아이들, 아이들의 모습을 카메라에 담기 위해 이리저리 자리를 옮기던 사랑하는 사람의 모습이 지금도 선연하게 살아 숨쉬기 때문입니다 아이들의 깔깔대는 웃음소리로 농익어 가던 나날, 그 날날이 내 인생의 가장 빛나던 황금기였습니다.

—「내 고향의 수채화」중에서

지은이의 표현대로 '어느 것 하나 가슴저림 속에 추억하지 않을 수 없는' 그 수채화는 한 개인의 것이면서도 이 작품을 읽는 모든 이의 것일 수도 있다.

좋은 작가가 되기 위해선 여러 가지를 갖춰야 하는데 그 중 하나가 남의 체험을 내 것으로 활용하는 간접체험이다. 어떤 의미에서 자신의 직접체험은 시간적으로나 공간적으로 한계가 있다. 이를 극복하기 위해선 남의 절실한 체험을 엿들어 내 경험으로 활용하는 간접체험이다. 그 첩경이 바로 독서다. 그러나 누구나 공감하겠지만 편히 앉아 독서나 사색에 잠겨 있기엔 지금 모든 시대환경이 녹록지가 않다.

오늘 밤 그가 내 곁에 있다면 나는 그와 함께 별을 헤일 것입니다. 나이 든 사람들이 무슨 유치한 짓이냐고 놀려도 상관은 하지 않겠습니다. 우리 아파트 놀이터에 있는 나무 의자에 앉아 손을 꼭 잡은 채 별을 올려다보겠습니다. 그리고 그가 '별 하나' 하고 운을 떼면 나는 '별 둘'하고 나직이 그 말을 받을 것입니다. 그렇게 주고 받음을 끝없이 이어가다 보면 하늘의 별들이 그의 외투 깃에 내려와 앉기도 하고 내 치마폭에 싸이기도 하겠지요.

—「별을 보다」중에서

이 글은 널리 알려진 알퐁스 도테의 단편소설 「별」을 원용하여 쓴 작품이다. 목동이 어느 날 그토록 멀리서만 흠모하던 주인댁 딸 스테파네트 아가씨가 보름치의 식량을 나귀에 싣고 왔다가 소르그 강에 물이 불어 돌아가지 못하고, 모닥불을 피워놓은 채 목동의 품에서 잠이 들지만 목동은 어쩌다 길을 잘못 든, 저 하늘의 별처럼 끝까지 아가씨를 보호하고 있는 그 아름답고 순수한 사랑을, 먼저 간 아빠를 떠올리며 쓴 것으로 착상이 조화롭다.

이 외에도 이효석의 단편「메밀꽃 필 무렵」, 그리고 '무소유란 아무것도 갖지 않는 것이 아니라 불필요한 것을 갖지 않는 것'이라는 법정 스님의 글귀를 인용하여 쓴「봄, 그 잔인함에」등 만만치 않은 독서량을 짐작게 하고 있다.

다음 작품을 보자.

모양도 색깔도 향기도 각각 다른 세상의 모든 꽃들, 성장조건과 개화시기, 인지도와 그 쓰임도 각각 다른 꽃들. 그러나 한 가지 같은 게 있다면 그들 꽃들도 키우는 사람들의 관심을 온몸으로 감지하고 있다는 것. 물과 햇빛, 바람과 공기, 그리고 적절한 영양분 외에도 사람의 지극한 애정이 더해질 때 비로소 제대로의 생육을 도모하는 것. 산세비에리아의 꽃피움, 그건 숨막혔던 공간에서 벗어나게 해준 딸을 향한 감사의 몸짓이 아니었을까.

숨을 틔어줄 일이다. 틔어줄 숨이 어디 식물에만 해당될 일인가. 사람들 모두가 자기를 비워내고 덜어내고 낮출 때 비로소 타인이 숨쉴 공간을 마련해 주는 게 아닐까, 하여 지극히 상식적인 사회가 되어 서로 어깨를 걸고 살 수 있게 되는 것을.

—「숨을 틔워주다」 중에서

이 작품은 제목에서 기대됨 직한 시대적, 또는 사회적 큰 이슈를 소재로 한 것이 아니다. 이 역시 저자가 즐겨 구사하는, 작품의 주제를 후반 말미에다 설정하는 미괄식 기법에 의지하고 있다.

첫 도입부는 거실 한 구석에 자리잡고 있는 '산세비에리아'라는 관엽식물 화분이다. 여리디여린 산세비에리아와 딸과 3자가 어울려 엮어낸 것은 사회적 갈등과 모순타파를 위한 사자후도 아니고 대단한 캠페인도 아니다. 그럼에도 숨을 틔워주려는 그 잔잔함이 한 편의 시처럼 은유화되어 있다.

특히 이 작품에서 유의해야 할 것은, 지은이가 어느 집에나 있을 수 있는 여러 화분 중 굳이 공기청정용인 산세비에리아를 소재로 삼았다는 점이다.

끝으로 한 작품을 더 보자.

> 많은 시간이 흘렀다. 여덟 살짜리 어린 계집아이가 이제는 고희를 바라보고 있다. 나이 들어갈수록 부모님이 더욱 더 그리워진다. 지금의 내 나이보다 삼십여 년 젊었던 부모님. 전쟁의 질곡 속에서도 당황하지 않고 침착함으로 자식들의 목숨을 간수했던 내 부모님, 가슴속 깊은 곳에 늘 살아계셔 못난 이 딸을 보살펴 주시는 부모님, 행여 실족할세라, 절망할세라 다독다독 어루만져 주시던 아버지, 그리고 어머니.
>
> (중 략)
>
> 그들이 흘린 피가 온 땅을 적셨고 그 피가 거름되어 옥토가 되었다.
>
> 지금 그 땅은 곡식 되고 채소 되어 우릴 배불리 먹이고 있다. 우리의 배부름이 농부의 손끝으로 맺어진 땀의 결실이라고만 어찌 말할 수 있으랴.
>
> ―「불꽃 되어 활활 타오르고 있다」중에서

이 작품은 6 · 25동란 60주년을 맞아 당시의 처참했던 동족상잔의 비극을 새삼 일깨우려는 글로, 당시의 가족사적 고통을 리얼하게 묘사하고 있어 특히 6·25 미체험 세대들에게는 일독을 권하고 싶다.

한편 독자의 입장에서는 지금까지 읽어온 김은실 수필의 본류와는 다소 낯설게 느껴질 수도 있다. 그러나 한 지식인으로서의 역사적 책무와 소재의 다원화라는 측면에서 본다면 다음 제3수필집에 더욱 기대를 갖게 한다.

### 3

작가는 그 시대의 또는 자신과의 불균형 속에서 그 불균형을 개선광정하려는 의지 속에서 붓을 들게 된다. 그러나 그가 구사하는 언어는 이미 현실과 타협이 끝난 언어가 아니라 오히려 새로운 시작이라 할 것이다. 새로운 시작이란 이미 누려온 체험을 토대로 하되 그 체험을 보다 새롭게 확장시켜줌으로써 모두를 사전적辭典的 구속에서 벗어나게 한다.

수필가 김은실의 작품들을 일별해보면 소재를 대단히 특이하고 우람하여 쉽사리 경험할 수 없는 세계에서 빌어오지 않는다는 사실이다. 대부분 우리가 이미 경험했거나 미루어 유추할 수 있는 세계다. 그럼에도 참신하게 읽혀지는 것은 낯익은 그 속에서도 우리가 놓고 온, 소홀히 흘리고 온, 귀중한 이삭이 있기 때문이다. 이가 곧 보편속에서의 개별화라 할 것이다.

그리고 그의 문체에는 간간이 시에서 처럼 도치법, 비약, 압축 등이 구사되고 있는 바 이는 그가 처음엔 시인이 되려 했거나 아니면 지금도 '시'라는 장르에 매료되어 있는 탓이 아닌가 싶다. 그의 문체가 유려한 것도 바로 이 때문이다.

끝으로 '누구나 큰 것만을 위하여 살 수는 없다. 인생은 오히려 작은 것들이 모여 이루어지는 것이다.'라는 피천득의 말처럼 작고 여린 것들과 함께 살고, 또 누구에게나 정성을 다 바치는 저자의 앞날에 문운이 넘치기를 바라며 이만 붓을 놓는다.

김은실 수필집

불꽃 되어

인　　쇄　2013년 5월 15일
발　　행　2013년 5월 20일

지 은 이　김은실
발 행 인　서정환
발 행 처　신아출판사

출판등록　1984년 8월 17일 28호
주　　소　전주시 완산구 공북1길 16(태평동)
전　　화　(063) 275-4000, 252-5633
팩　　스　(063) 274-3131
메　　일　sina321@hanmail.net

값 13,000원

ISBN 978-89-98524-41-8　03810



「이 도서의 국립중앙도서관 출판시도서목록(CIP)은 서지정보유통지원시스템 홈페이지(http://seoji.nl.go.kr)와 국가자료공동목록시스템(http://www.nl.go.kr/kolisnet)에서 이용하실 수 있습니다.
(CIP제어번호: CIP2013006023)」